Werner Winkler

# Ängste, Depressionen und Suizidgedanken müssen oft nicht sein

Zwölf praktische Lösungsansätze für Betroffene und Angehörige.

Impressum:
Alle Rechte beim Autor,
Werner Winkler, Waiblingen, 2011-2018
Independently published
ISBN 9781983388743

# Vorwort

Ängste, Depressionen und Suizidgedanken machen auf Betroffene häufig den Eindruck, als seien sie diesen Beschwerden mehr oder weniger hilflos ausgeliefert. Selbst diejenigen, die professionell – etwa als Ärzte, Therapeuten oder Seelsorger – damit konfrontiert werden, müssen sich oft eingestehen, dass ihre Einflussmöglichkeiten gering sind, obwohl sie ihr Bestes geben.

Dieses Buch möchte einen Unterschied hervorrufen. Nicht die Ängste, Depressionen oder Suizidgedanken selbst sollen das Thema sein, auch nicht deren Hintergründe, Ursachen, exakte Diagnosen oder genau zum „Fall" passende Therapieansätze; vielmehr möchte ich eine Reihe praktisch sofort umsetzbarer Ansätze vorstellen, die einen erwünschten Unterschied hinsichtlich der vorhandenen Beschwerden bewirken können. Ob das gelingt, lässt sich nicht versprechen – aber die über die Jahre sehr zahlreichen positiven Rückmeldungen, die ich als Autor und Berater erhalten habe, geben Anlass zur Hoffnung.

Ich habe bewusst ein „schmales Büchlein" geschrieben. Es soll hier nicht um weitreichende Theorien und das Wiederkäuen dessen gehen, was andere Autoren geschrieben haben, sondern um rasch umsetzbare, praktische Anregungen abseits der üblichen und ebenso wertvollen ärztlichen, psychologischen oder psychiatrischen Behandlung.

Reichlich neue Erkenntnisse, interessante Erfahrungen bei Ihren Umsetzungsversuchen und natürlich baldige Besserung wünscht Ihnen

Werner Winkler

# Inhaltsverzeichnis

# Einleitung

Auch wenn sich Beschwerdebilder und die Umstände beim jeweils Betroffenen oft deutlich unterscheiden, zeigt sich doch – zumindest nach der Erfahrung lösungsorientierter Praktiker – dass sich die Geschichten von Lösungen, Besserungen und überraschenden Wendungen in erstaunlichem Maß ähneln. Paul Watzlawick und seine Kollegen fanden bei ihren Forschungen in den 1960er-Jahren sogar heraus, dass es ein einzelnes Wiederholungsmuster gibt, das in so gut wie allen Problemlösungsgeschichten auftaucht: *Es entsteht ein Unterschied.*

Dieser „Unterschied, der einen Unterschied macht" ist inzwischen als fester Begriff in den psychologischen Sprachschatz und darüber hinaus eingegangen. Und während zu Anfang noch die Meinung vorherrschte, es bedürfe eines speziell dafür ausgebildeten Fachmanns, um so einen Unterschied herbeizuführen, fanden die Familientherapeuten Steve de Shazer und Insoo Kim Berg Anfang der 1980er-Jahre heraus, dass sehr häufig bereits Unterschiede in der Problembiografie zu finden sind – wenn man danach sucht. Diese „erwünschten Unterschiede" nannten sie „Ausnahmen“. Die Suche verlagerte sich also von der Ursachenforschung hin zur Erforschung von Unterschieden, und zwar sowohl von Unterschieden (etwa in der Beschwerdenstärke), die während der Zeit vom ersten Auftreten einer Beschwerde an zu beobachten sind, als auch von Unterschieden zwischen dem „davor“ und dem „danach“.

Aus der häufig verwendeten Fragestellung „Wann ging es Ihnen zum letzten Mal so gut, dass Sie sagen würden: So hätte ich es gerne wieder?“ und den aus der Antwort zu gewinnenden Erkenntnissen fanden seitdem Menschen auf der ganzen Welt einen Ansatz dafür, wie sie ihre eigenen Beschwerden oder die ihrer Gesprächspartner in Richtung Besserung oder gar Lösung bewegen können.

In den folgenden zwölf Kapiteln möchte ich Ihnen in einfachen und praxisnahen Sätzen eine Reihe von Möglichkeiten vorstellen, die Sie ohne großen Aufwand ausprobieren und dahingehend beurteilen können, ob sich im Ergebnis ein Unterschied zu Ihrem bisherigen Befinden einstellt. Und noch eine Bitte zu Beginn: Unterbrechen oder beenden Sie eine bereits begonnene ärztliche Behandlung nicht sofort, wenn Sie eine Besserung auf Grund eines der hier beschriebenen Ansätze bemerken. Sprechen Sie stattdessen mit Ihrem Arzt über die Veränderungen und entscheiden Sie dann gemeinsam, ob eine begonnene Behandlung verändert oder beendet werden kann. Ebenso wenig sollte Sie dieses Buch davon abhalten, sich ärztliche Hilfe zu suchen, falls Sie dies bisher nicht getan haben. In aller Regel (die natürlich nicht ohne Ausnahmen ist) kann ein Buch einen Arzt oder ärztliche Behandlung nicht ersetzen.

Eine letzte Anmerkung vorab: Sie können die zwölf Kapitel in beliebiger Reihenfolge lesen oder weiterblättern, wenn Sie merken, dass Ihnen ein Kapitel keine neue Idee gibt oder Sie das dort Beschriebene bereits ausprobiert haben, ohne dass eine Veränderung entstand.

# Versuch 1:
# Ausnahmezeiten erforschen

Geistiger Aufwand: mittel

Körperlicher Aufwand: niedrig

Kosten: keine

Zeitdauer bis zur Veränderung: mittelfristig

Durchführung: alleine und mit Gesprächspartner


Die Geschichte der Verwendung von „Ausnahmen" als Lösungswerkzeug begann vor über 30 Jahren in der Praxis des Familientherapeuten Steve de Shazer. Bei ihm war eine Familie zur Beratung und die Liste der Schwierigkeiten, die er sich auf seinen Block notierte, wurde länger und länger. Schließlich entfuhr ihm kurz vor Ende der Sitzung ein Seufzer: Ist denn überhaupt noch etwas in Ordnung hier?

Das ihm am nächsten sitzende Kind hörte das und fasste es als Aufforderung auf, aufzuzählen, was in der Familie noch in Ordnung sei. Da das sinnvoll klang, hatte der Therapeut spontan den Einfall, das als Hausaufgabe bis zum nächsten Treffen zu verwenden. Also notierten die Familienmitglieder fleißig alles, was noch in Ordnung zu sein schien und brachte eine beachtliche Liste mit. „Es war eine andere Familie, die da in meine Praxis kam", wurde de Shazer klar. Die Veränderung der Beobachtungsperspektive weg von „was läuft alles schief" hin zu „was ist noch in Ordnung" bewirkte nicht nur einen deutlichen Unterschied für die Familie, sondern mit der Zeit für die Art, wie de Shazer mit seinen Klienten sprach. Dass heute auf der ganzen Welt Therapeuten, Berater, Pädagogen und Erzieher darauf achten, was in problematischen Situationen oder Unternehmen noch in Ordnung ist – also die erwünschten Ausnahmen von der beklagten (scheinbaren) Regel wichtig genommen werden, ist womöglich der Fähigkeit dieses Kindes zu verdanken, im entscheidenden Moment gut zuzuhören.

Ausnahmen im hier verwendeten Sinn sind also Zeiten oder Phänomene, für die gilt: Sie sind in einer erwünschten Art und Weise in Ordnung. Oder, anders ausgedrückt: Mehr von dieser Art Ausnahme würde das Problem in Richtung einer Lösung verändern. Damit enthalten solche Ausnahmen bereits eine Zielformulierung und dies hat sich in der Beratungs- und Problemlösungspraxis als überaus nützlich erwiesen. Nützlich deshalb, weil die Konzentration auf das, was funktioniert und auf angestrebte Ziele den Fokus vom Problematischen, Störenden, Ärgerlichen weglenkt und verloren geglaubte Ressourcen, Fähigkeiten oder Ideen wieder ans Tageslicht befördert.

So berichtet etwa eine Klientin, sie würde seit vielen Jahren an schweren Depressionen und Suizidgedanken leiden, die sie auch mehrfach umzusetzen versucht hatte. Auf die Frage, wann es ihr denn zuletzt so gut ging, dass sie sich das erneut wünsche, musste sie erst einmal nachdenken. Bisher hatte keiner der Ärzte und Therapeuten, mit denen sie gesprochen hatte, in dieser Richtung Nachforschungen angestellt. Und plötzlich fällt ihr auf, dass sie zwischendurch ein ganzes Jahr beschwerdefrei war. Nach etwas Überlegen und mit ein wenig Glück identifizieren wir den Unterschied zwischen „Problemzeit" und „Ausnahmezeit". Sie wagt den Versuch und verhält sich erneut so, wie sie dies unabsichtlich während des „guten Jahres" getan hatte – und siehe da: die Beschwerden verschwinden in kürzester Zeit und sie hat das Gefühl, „wieder ganz die alte" zu sein.

Nun ist es nicht immer so, dass sehr schnell diejenigen Muster identifiziert werden können, die eine frühere Veränderung bewirkt haben; und manches Mal sind zu viele Faktoren beteiligt oder auch Menschen, die man nicht einfach dazu bringen kann, sich erneut so zu verhalten wie damals. Aber in aller Regel beinhalten Ausnahmen wertvolle Ansätze, in welche Richtung etwas versucht werden kann. Und sie machen Hoffnung, dass eine Beschwerde nicht so unveränderlich ist, wie sie häufig zu sein scheint. Hier können selbst kleine Veränderungen, die nur wenig in Richtung einer erwünschten Ausnahme gehen, nützlich sein. Selbst eine Abnahme von Ängsten oder Depressionen von zehn oder 20 Prozent (in der subjektiven Wahrnehmung) oder die Entdeckung, dass es Tage gibt, an denen die Beschwerden nicht 24 Stunden lang auftreten, bietet Anlass für ein genaueres Hinsehen, was denn in den „guten Zeiten" anders gemacht wird und sich was davon womöglich wiederholen lässt.

So gut wie alle Tipps in diesem Buch sind genau solchen Ausnahmen geschuldet. Und es würde mich nicht wundern, wenn ich irgendwann von Ihnen eine Nachricht erhalten würde, was Sie selbst über sich und Ihre eigenen Ausnahmen herausgefunden haben!

# Versuch 2:
# Unterschiede mit Skalen feststellen

Geistiger Aufwand: mittel

Körperlicher Aufwand: niedrig

Kosten: keine

Zeitdauer bis zur Veränderung: mittelfristig

Durchführung: alleine und mit Gesprächspartner

Notieren Sie sich für jeden Tag (eventuell auch mehrmals täglich) mit Hilfe einer Skala von 1 (sehr niedrig) bis 10 (sehr hoch), wie sich Ihr subjektives Empfinden hinsichtlich Ihrer Beschwerden verändert. Die Verwendung von Ziffern statt Worten kann an sich bereits eine Veränderung im Beschwerdebild bewirken und Ihnen zeigen, was Sie selbst durch Ihr Verhalten dazu beitragen, dass es Ihnen besser oder schlechter geht. Auch können so subjektive Zustandsveränderungen, die sonst nur schwer zu messen sind (im Gegensatz zu Fieber oder Blutdruck) in eine messbare Form gebracht werden.

Wenn Sie sich zudem Notizen machen, was Sie bei

Veränderungen gegenüber dem gewohnten Zustand getan oder gelassen haben, können Sie dies versuchsweise zu wiederholen versuchen. Angenommen, Ihre Befindlichkeitsskala steigt um zwei Punkte, wenn Sie einen langen Spaziergang machen und sinkt um zwei Punkte, wenn Sie stattdessen auf dem Sofa liegen – dann lohnt sich der Versuch, regelmäßige Spaziergänge einzuplanen, unabhängig, ob Ihnen jeweils „danach ist" oder nicht und das Sofa eher zu meiden.

Ich habe absichtlich ein simples Beispiel gewählt, da sowohl die Problemlösungsforschung als auch mein eigener Erfahrungsschatz besagen, dass es häufig eben solche simplen Unterschiede im Verhalten sind, die eine starke und oft lange anhaltende Veränderung nach sich ziehen. Schon die Wahl der Kleidung kann offenbar die innere Befindlichkeit verändern, ebenso bestimmte Musikstücke, Filme, Sportarten, Menschen oder Orte.

Experimentieren Sie mit allen Veränderungen, die Sie sich zumuten können oder möchten und beobachten Sie, welches Verhalten welche Auswirkungen auf Ihr Befinden hat. Verwenden Sie die Skala, um dies festzuhalten und akzeptieren Sie auch, wenn die Skala sinkt oder sich nicht verändert. Jede Erfahrung, die Ihnen Aufschlüsse über mögliche eigene Einflussfaktoren (Schalter, Hebel, Regler) gibt, ist hilfreich. Ganz einfach gesagt könnte man sagen: Sobald Sie wissen, wie genau Sie sich in eine tiefe Depression stürzen und wieder daraus befreien können, hat die Depression einiges an Schrecken verloren.

Grundsätzlich hat sich das Doppelmotto:
**„Wenn etwas hilft – versuchen Sie mehr davon!"** und **„wenn etwas nicht hilft, hören Sie damit auf und versuchen Sie etwas Anderes!"** als nützlicher Leitfaden bei derlei Experimenten erwiesen.

Selbstverständlich können Sie auch differenzierte Einzelskalen anlegen, etwa um einzelne Aspekte beobachten zu können (Schlafqualität, Stimmung, körperliche Kraft, geistige Klarheit, Gereiztheit-Entspannung usw.). Verwenden Sie bitte jeweils die 1 als „unten" und die 10 als „oben" und achten Sie auch darauf, die 10 mit einem positiven Begriff zu benennen, wenn Sie die 1 negativ besetzen; steht also die 1 für „sehr depressiv", dann sollte die 10 einen Begriff wie „sehr gut gelaunt" repräsentieren. Vermeiden Sie den oft zu beobachtenden

Fehler, eine 1-10-Skala nur mit einem einzigen Beschwerdebegriff zu belegen, also etwa eine „Depressionsskala" zu führen. Dies engt Ihr Gehirn und Ihre Wahrnehmung unnötig ein und kann so die Beschwerde, die Sie nur beobachten möchten, noch verstärken.

# Versuch 3: Ernährung

Geistiger Aufwand: niedrig
Körperlicher Aufwand: mittel
Kosten: niedrig
Zeitdauer bis zur Veränderung: kurzfristig
Durchführung: alleine oder mit Fachberatung

Das psychisch-mentale System (also vor allem das Gehirn und das Nervensystem), aus dem sich Ängste, Depressionen und Suizidgedanken speisen, ist ein Teil unseres Körpers, keine von ihm getrennte und unbeeinflussbare Einheit, wie manche Zeitgenossen immer noch annehmen. Wenn wir uns freuen, schlägt unser Herz schneller, erschreckt uns jemand, fährt es uns „in die die Glieder" und nicht nur der Kopf ist erschrocken. Im Grunde ist das Erfahrungswissen. Aber sonderbarerweise wird im Falle von psychischen und mentalen Beschwerden nur selten versucht, über den Körper auf diese Beschwerden einzuwirken – es sei denn über Medikamente, die den Stoffwechsel und die Vorgänge im Gehirn massiv und häufig unangenehm beeinflussen.

Warum erhalten Menschen mit psychischen Beschwerden nicht ein Rezept für Massage? Warum gibt es keine Gospelchöre in psychiatrischen Krankenhäusern? Warum keine Pflanzen oder Tiere, die von den Patienten gepflegt werden müssen? Solche „Therapien" werden verständlicherweise von keinem Pharmakonzern wissenschaftlich untersucht und geraten damit aus dem Blickfeld von Ärzten und Therapeuten. Ebenso ist kaum erforscht, wie sich die ganz gewöhnliche Ernährung auf das psychische Befinden auswirkt – außer im Fall der Schokolade, deren meist positive Wirkung auf die Stimmung allgemein bekannt ist. Wie aber wirken sich Alkohol, Zucker, tierische Eiweiße und Fette – vor allem wenn sie im Übermaß zugeführt werden – auf das psychisch-mentale System aus? Wie das Fasten? Wie eine Ernährung, die ganz den Gelüsten des Patienten folgt? Ich kenne keine psychiatrische Klinik, die ihren Patienten hier entgegenkommt und etwa täglich anstatt der üblichen Mahlzeiten ein ständig verfügbares Büffet vielfältiger Lebensmittel anbietet, wie es in einem gut sortierten Kühlschrank oder auf dem Markt anzutreffen ist.

Die Ärzte der Antike wussten noch, dass Nahrung Medizin ist, heute ist das fast vergessen. Dabei enthalten viele Lebensmittel größere Mengen an Nährstoffen, die isoliert eingenommen nicht einmal in der Apotheke verkauft werden dürften – zum Beispiel Austern. Ein Dutzend Austern enthält bis zu 150mg Zink, während in der Apotheke nur Präparate verkauft werden dürfen, die maximal 25mg je Tablette enthalten. Trotzdem gibt es keinen Beipackzettel, wenn ich im Restaurant Austern bestelle. Und dass Zink einen Einfluss auf das psychische Befinden und die mentale Leistungsfähigkeit hat, hat sich inzwischen nicht nur in Mediziner- und Heilpraktikerkreisen herumgesprochen. Ähnlich ist es beim Lithium. Hier gilt die Null-Milligramm-Grenze, was bedeutet, dass in der Apotheke überhaupt keine Lithiumpräparate ohne Rezept verkauft werden dürfen. Im Supermarkt nebenan gibt es jedoch zahlreiche Heilwässer, mit deren Konsum man täglich auf 2-3mg Lithiumzufuhr kommt, was die Stimmung bei den meisten Menschen deutlich aufhellen dürfte. Weitgehend unbekannt ist hier, dass in den USA täglich ungefähr 5mg Lithium alleine durch die Nahrung aufgenommen werden, in Europa nur zwischen 0,5 und 1mg. Die Böden sind unterschiedlich reich an Lithium und mancher USA-Reisende spürt diesen Unterschied sowohl während des Aufenthalts als auch nach der Rückkehr (oft natürlich, ohne die Ursache zu kennen).

Kurz und gut: ein Versuch in Richtung „Veränderung der Ernährungsgewohnheiten" lohnt sich auf jeden Fall. Wobei es selbstverständlich kein Standardrezept geben kann in Anbetracht der von Fall zu Fall verschiedenen Ausgangssituationen. Für den Anfang rate ich daher, einmal im Internet einen dort kostenlos und anonym angebotenen Test durchzuführen (www.vitamineraltest.de) und die hier auftauchenden kritischen Nährstoffe gezielt durch passende Lebensmittel oder Präparate auszugleichen. Informationen hierzu finden Sie in meinem Buch „Heißhunger ist gesund" oder im kompakteren „20 Mineralstoffe und Vitamine", das hier im Buch als Zugabe angehängt ist.

Als weiteren Schritt können Sie einmal für vier Wochen auf Zucker, tierische Eiweiße, Milchprodukte, Alkohol, Geschmacksverstärker (Natriumglutamat), Koffein, Nikotin und natürlich andere Drogen verzichten und beobachten, wie sich ihr Befinden dadurch verändert. Ob Sie das zusammen oder nacheinander schaffen, spielt dabei keine Rolle. Ebenso können Sie mit Ihrem Trinkverhalten „spielen", also verschiedene Wässer (oder Heilwässer) testen, Säfte oder Tees in Ihr Repertoire aufnehmen. Sie können eine Zeitlang völlig Ihren Gelüsten folgen und sich etwa auf dem Markt für den doppelten Betrag wie üblich täglich frisch genau die Lebensmittel kaufen, nach denen Ihnen gerade ist. Womöglich ist es auch hilfreich, wenn Sie vorhandene Tabus oder Gewohnheiten einmal probeweise über Bord werfen – also selbst wenn Sie eingefleischter Wurstesser sind, stattdessen auf Oliven, Zwiebeln und Tomaten setzen oder umgekehrt, einmal für zwei Wochen kein Vegetarier mehr sind, sondern sich täglich ein gutes Stück Rindfleisch oder Leber braten.

Zur Ernährung im weitesten Sinn gehört auch der „Konsum" von Tageslicht. Hierzu gibt es seriöse und nachvollziehbare Forschungen, die belegen, dass zu wenig Tageslicht (vor allem im Winter) negative Folgen auf die Produktion vieler Botenstoffe und damit auch auf die Stimmung haben kann. Abhilfe ist hier zum Einen mit regelmäßigem Aufenthalt im Freien, aber auch mit Solariumbesuchen, einer UV-Lampe für Zuhause oder mit speziellen Lichtduschen möglich, die es sowohl in spezialisierten Arztpraxen als auch für private Nutzung gibt.

Es würde mich jedenfalls sehr wundern, wenn Sie durch keine der hier vorgestellten Möglichkeiten irgend eine Veränderung Ihres Befindens erzielen würden. Zur Beobachtung können Sie selbstverständlich auch die in Kapitel 2 vorgestellten Skalen verwenden.

# Versuch 4: Bewegung

Geistiger Aufwand: niedrig
Körperlicher Aufwand: evtl. hoch
Kosten: gering
Zeitdauer bis zur Veränderung: kurzfristig
Durchführung: alleine und mit Partner

Wir Menschen sind von Natur aus auf reichlich Bewegung ausgerichtet und fühlen uns eher dann wohl, wenn wir täglich zu Fuß mehrere Kilometer unterwegs sind als wenn wir 16 Stunden sitzend im Büro oder vor Bildschirmen verbringen. Mangelnde Bewegung zieht häufig einen ganzen Rattenschwanz an Beschwerden nach sich, unter anderem eine gedrückte Stimmung, gestörte Verdauung oder Schlafstörungen.

Welche Art und welche Menge an Bewegung bei Ihnen selbst eine Besserung Ihrer Beschwerden bringt, können Sie nur durch den Selbstversuch herausfinden. Hier ist die ganze Bandbreite denkbar – vom kleinen Spaziergang zum Supermarkt bis hin zum regelmäßigen Marathonlauf. Entscheidend ist, dass Sie sich dabei wohl fühlen und sich

Ihrer körperlichen Leistungsfähigkeit anpassen. Und wenn möglich ist es sicher vorteilhafter, wenn Sie sich in einer Umgebung bewegen, in der Sie angenehme Bilder oder Menschen treffen als irgendwo alleine in einem dunklen Kellerraum ein paar rostige Hanteln zu stemmen.

Zur Rubrik „Bewegung" gehört übrigens auch das „Bewegtwerden" des Körpers, etwa durch eine Massage oder den Aufenthalt in einer starken Brandung. Selbst Schaukeln (Schaukelstuhl, Kinderschaukel) oder das Baumeln mit den Beinen kann nach eigenen Tests mit Therapeuten in Ausbildung kurzfristig die Befindlichkeit zum Guten verändern.

Wie bei allen Versuchen, die Sie unternehmen, bietet sich hier die Beobachtung und Dokumentation mit den vorgestellten Skalen-Tagebüchern an.

# Versuch 5: Schlafen und Wachen

Geistiger Aufwand: mittel
Körperlicher Aufwand: mittel
Kosten: keine
Zeitdauer bis zur Veränderung: kurz- bis mittelfristig
Durchführung: alleine und mit Partner

Die absichtliche, versuchsweise Veränderung von Schlaf- und Wachzeiten bewirkt manchmal eine Veränderung im Hirnstoffwechsel. Durch weniger oder mehr Schlaf werden Botenstoffe in anderen Mengen als gewöhnlich produziert. Dies kann sich in einem veränderten Befinden äußern.

Ohne Ausprobieren lässt sich allerdings nicht sagen, was sich wie auswirkt. Deshalb ist es ratsam, zunächst ein wenig länger oder kürzer zu schlafen, vielleicht auch einen Mittagsschlaf einzuplanen oder ihn wegzulassen. Mit Hilfe der in Kapitel 2 vorgestellten Skalen können Sie dann genau dokumentieren, was sich wie auswirkt und im Erfolgsfall Ihr Verhalten dauerhaft verändern.

Sollten Sie an Schlafstörungen leiden, was häufig

gemeinsam mit Ängsten und Depressionen auftritt, hilft Ihnen vielleicht der eine oder andere der folgenden Tipps, die ich im Laufe der Jahre zusammengetragen habe:

Es handelt sich hierbei um selbst zu beeinflussende Faktoren, die sich als mitentscheidend für guten Schlaf erwiesen haben. Probieren Sie zunächst diejenigen aus, die für Sie am Einfachsten umzusetzen sind.

1. Achten Sie darauf, dass Sie sich an Ihr "gewohntes Einschlafritual" halten.

2. Achten Sie darauf, dass Sie die Raumtemperatur und -helligkeit entsprechend Ihren guten Erfahrungen regulieren, bevor Sie zu Bett gehen. Bevorzugen Sie sauerstoffreiche Luft zum Schlafen.

3. Achten Sie darauf, ob Sie auf Lichtquellen (elektrisches Licht, vor allem Neonlicht) im Raum selbst oder von außen kommend (Straßenlaternen, Autolicht) reagieren. Selbst ein elektrisch beleuchteter Wecker kann sensible Menschen beim Schlafen stören.

4. Achten Sie darauf, ob Sie auf elektrische Geräte oder Stromleitungen neben oder unter dem Bett reagieren, ebenso auf alle Metallgegenstände.

Beides erzeugt magnetische Felder, wenn auch nur schwache, die von sensiblen Menschen unbewusst wahrgenommen werden und den Schlaf stören können.

5. Achten Sie darauf, ob Sie auf Vitamin-C-haltige Lebensmittel mit Wachheit reagieren. Dies können neben Obst und Fruchtsäften auch Vitamin-C-haltige Bonbons sein. Auch eine an sich empfehlenswerte Vitamin-C-Versorgung mit Nahrungsergänzungen kann kritisch werden, wenn die Freisetzung des Vitamins (24-Stunden-Perlen) in die Nacht reicht.

6. Gehen Sie nicht mit Hunger- oder Durstgefühlen zu Bett, wenn Sie dies am Einschlafen oder Durchschlafen hindert.

7. Vermeiden Sie aufregende Lektüre oder Filme, wenn Sie darauf mit Unruhe reagieren.

8. Gehen Sie erst zu Bett, wenn Sie tatsächlich müde sind. Warten Sie ansonsten und beschäftigen Sie sich mit etwas, das nicht zu viel Aufmerksamkeit verlangt.

9. Testen Sie, ob Sie auf einer metallfreien Matratze oder in einem metallfreien Bett besser schlafen. Auch eine Federkernmatratze kann bei sensiblen Menschen zu Schlafstörungen führen oder sie Geräusche hören lassen. Diese könnten durch mini-

male Störungen bzw. Interferenzen des Erdmagnetfeldes durch das Metall am Bett herrühren und wahrnehmbar sein.

10. Achten Sie auf ausreichende Versorgung mit Vitamin B12, Magnesium und Zink.

11. Probieren Sie aus, ob Sie auf der Herzseite liegend besser einschlafen als auf der anderen Seite.

12. Falls Sie im Bett häufig husten müssen: Überprüfen Sie, ob Sie in einer federfreien Bettdecke bzw. einem federfreien Kissen nicht husten müssen. Manche Menschen reagieren auf die Ausscheidungen von Milben, die sich von den tierischen Federn ernähren.

13. Zur Erforschung möglicher weiterer Einflussfaktoren für guten oder schlechten Schlaf führen Sie eine Zeit lang ein "Schlaftagebuch". Geben Sie jeder Nach einen Skalenwert zwischen 1 (ganz schlecht) und 10 (ganz gut). Notieren Sie dann zu den auffälligen Skalenwerten mögliche Unterschiede - z.B. was Sie gegessen, gelesen, im TV angeschaut haben etc. Aus den "guten Nächten" können Sie dann vielleicht mit der Zeit die für Sie zutreffenden Faktoren herausfinden und beibehalten.

# Versuch 6:
# Ein Worst-Case-Szenario entwerfen

Geistiger Aufwand: hoch

Körperlicher Aufwand: niedrig

Kosten: keine

Zeitdauer bis zur Veränderung: kurz- bis langfristig

Durchführung: alleine und mit Gesprächspartner

Vermutlich werden jetzt einige Leser sagen: Warum soll ich mich mit dem „worst case", also dem „schlimmsten anzunehmenden Fall" beschäftigen, wenn es doch um Lösungsansätze geht? Sie haben völlig recht: das klingt paradox und doch hat sich in der Praxis gezeigt, dass das absichtliche (!) Herantreten an einen vermutlich tiefen Abgrund die Angst vor diesem reduzieren oder gar völlig hemmen kann.

Wichtig ist, dass Sie diese gedankliche Übung zu einer Zeit oder in einer Umgebung machen, in der Sie sich stark genug fühlen, den zusätzlichen Stress, den das zunächst bedeuten kann, auszuhalten. Falls Sie in einer sehr labilen Phase sind, blättern Sie einfach weiter zum nächsten Kapitel und nehmen Sie sich dieses ein anderes Mal vor.

Stellen wir uns einmal als Metapher ein Haus mit einem Garten vor. Das Haus liegt in einem relativ großen Abstand zu einer Klippe am Meer, von der unklar ist, wie tief es dort hinunter geht. Niemand hat sich bisher getraut, an den Rand der Klippe zu gehen und nachzusehen. Auch wie tief das Meer dort ist und ob darin Delfine oder Haifische warten, ist unklar. Der Aufenthalt im Garten ist von der ständigen Gefahr überschattet, zu nahe an den Rand zu geraten und abzustürzen. Ballspiele werden nah ans Haus verlagert, Bäume, die näher an der Klippe stehen, weder gepflegt noch geerntet, Besucher sofort nach dem Betreten des Gartens auf die große Gefahr hingewiesen. Und stellen wir uns weiter vor, dass eines Tages ein Besucher, ohne dass es jemand von den Bewohnern merkt, den ganzen Garten durchschreitet, an der Klippe stehen bleibt – und, während die Bewohner zu Tode erschrocken die Szene durch ein Fenster beobachten und wie gelähmt sind, Schuhe, Hose und Hemd auszieht und – springt. Nach einer Schrecksekunde rennen alle in den Garten, versichern sich gegenseitig, dass man nun zum Äußersten schreiten müsse und wa-

**30**

gen sich ebenfalls an den Rand, gehen langsamer, tasten sich vor, gehen in die Hocke, dann auf die Knie und schauen hinab: Was für ein Anblick bietet sich ihnen?

Unabhängig davon, was sie sehen ist klar: nie wieder wird der Abgrund dieselbe Macht auf diese Bewohner ausüben wie bisher. Das Verhalten im Garten wird sich verändern, die Gefahr bekommt ein Gesicht. Und genau darum geht es bei diesem Versuch: dem Äußersten, das geschehen könnte und nur in der Fantasie geschieht, eine realistische (wenn auch vielleicht erschreckende) Informationsbasis zu geben. Wenn ich weiß, was auf mich zukommen könnte, kann ich mich darauf einstellen, vorbeugend tätig werden, Vorkehrungen treffen, den Schaden begrenzen. Und ich kann irgendwann die Angst davor in ein realistisches Szenario einbinden. Sie mag nicht verschwinden, die Angst. Schrecken bleibt Schrecken, auch wenn ich weiß, dass er mich möglicherweise erwartet. Aber die Grenzenlosigkeit des Schreckens ist gebannt.

Menschen sind nach allen Erfahrungen fähig, sich auf enorme Belastungen und große Entbehrungen einzustellen. Menschen sind fähig, Neues zu lernen, sie können Erfindungen machen, Grenzen überwinden, sie können Gegenden besiedeln, die völlig unwirtlich erscheinen. Und genauso können wir Menschen uns mit bisher unüberwindlich wirkenden Problemstellungen, mit höchster Verzweiflung und tiefster Depression auseinandersetzen, uns arrangieren, über uns selbst hinauswachsen, gordische Knoten durchschlagen und manchmal sogar – sprichwörtlich – durchs Feuer und übers Wasser gehen. Wir können auf dem Mond spazieren gehen und über Jahre unter unmenschlichsten Bedingungen in einem Konzentrationslager unsere Würde behalten. Und manchmal ist es gut, vorher nicht zu wissen, welche Belastungen wir noch aushalten und welche Hürden wir überwinden müssen. Aber manchmal ist genau das ein Teil der Heilung und Entlastung: zu wissen, was mich hinter dem Abgrund, sollte ich ihm einmal zu nahe kommen, erwartet.

Die Frage: „Was könnte mir im schlimmsten denkbaren Fall geschehen?" mag erschrecken und quälen. Aber sie füttert unser Gehirn mit neuen Informationen, die an die Stelle von Fantasien und Schreckensszenarien treten, die völlig unrealistisch sein können. Die Seefahrer, die mit Kolumbus aufs offene Meer und ins Unbekannte segelten, fürchteten – wenn die Legende wahr ist – am Rand der Welt ins Bodenlose zu stürzen. Aber selbst wenn: mehr als Sterben hätte ihnen nicht passieren können. Die Angst vor dem Unbekannten steigerte aber die Furcht ins Unermessliche. Sicher ist: die zweite Reise und alle danach verliefen anders. Der Schleier war gefallen, das Ende der Welt nicht in Sicht. Der Schrecken hatte ein erträgliches Maß bekommen.

Wenn ich schreibe: mehr als Sterben kann uns nicht passieren – dann greift dies auf ein zentrales Thema unseres Lebens zurück: dass wir von allen Seiten und jede Sekunde unausweichlich von der Gefahr bedroht sind, dass unser Leben endet. Und schlimmer noch: wir haben es kaum selbst in der Hand, dies zu verhindern. Ebenso wie wir uns nicht selbst dafür entschieden haben, zu leben, können wir uns einfach dafür entscheiden, nicht zu sterben. Genauso wie wir Haus und Garten haben, ist da der Abgrund. Er gehört zum Leben dazu. Daher kann das „Sich-Anfreunden" mit dem Tod durchaus heilsam sein. Ob jemand den Tod auf sich zukommen lassen möchte oder sich ihm aktiv in die Arme geben – das ist jedem selbst im Rahmen seiner menschlichen

Freiheit überlassen. Aber sicher ist: auch wenn wir selbst nicht auf ihn zugehen – er wird uns abholen, früher oder später.

Und selbst die Erde, ja das ganze Universum sind – nach allem, was uns Astronomen und Physiker dazu sagen können – nicht ewig. Die Sonne wird sich irgendwann aufblähen und die Erde verschlingen, das Universum erkalten und vielleicht wieder in sich zusammenfallen. Der „worst case" ist also unvermeidlich, wenn man den ganz großen Zusammenhang anschaut. Warum aber trotzdem leben? Woran sich freuen, worin einen Sinn finden - obwohl? Sich dieser Frage zu stellen ist heilsam, so meine Erfahrung. Die Antworten, die wir dann für uns selbst finden (oder von anderen, die vor uns nachgedacht und gefragt haben, übernehmen) können eine recht stabile geistige Basis bieten, die auch härtesten Zeiten widersteht. Anders gesagt: wer keine Angst mehr vor dem Sterben hat – weder vor dem eigenen noch vor dem ihm lieb gewordener Menschen – der lebt anders, vermutlich angstfreier.

Und genauso ist es möglich, sich an das schlimmste denkbare Ende heranzuwagen; was, wenn die

Klippe am Rand des Gartens in unendliche Tiefen führt? Was, wenn die Bewohner erkennen müssten, dass Haus und Garten auf einer sehr dünnen Erdscholle über den Schlund eines brodelnden Vulkans ragen? „Die Wahrheit ist durch nichts zu ersetzen", fällt mir hierzu ein und doch kann der Weg zu dieser Wahrheit extrem schwierig sein und manchmal nur durch größte innere Überwindung oder in vielen kleinen Schritten zu Ende gegangen werden. Praktisch gesagt: es könnte sein, dass eine bestimmte Beschwerde nie mehr ganz weggeht – so wie Menschen ein Körperteil verlieren können und es garantiert nicht mehr nachwächst. Jemand sagt: Wüsste ich, dass meine Ängste, Depressionen und Suizidgedanken für den Rest meines Lebens bleiben – dann könnte ich mich darauf einstellen. So, in der Unklarheit und mit der ständigen Hoffnung, sie könnten einfach verschwinden, ist es fast unerträglich. Ja, die Unsicherheit ist manchmal schlimmer als die Beschwerden selbst, an die ich mich schon fast gewöhnt habe.

Genau dieser Punkt bietet den Ansatz für Veränderung: Falls derzeit nichts hilft und Sie keine Hoffnung haben, dass kurzfristig eine Veränderung eintritt – dann versuchen Sie, den Zustand zu akzeptieren, sich darauf einzustellen, sich zu arrangieren. Nutzen Sie die kleinen Momente, in denen die Beschwerden schwächer oder ganz verschwunden sind, um Dinge zu machen, die nur dann gelingen. Entwickeln Sie Strategien, die Beschwerden erträglicher zu machen, weniger schmerzhaft oder belohnen Sie sich für das Ertragen Ihrer Leiden immer wieder einmal auf eine Weise, die Ihnen zumindest kurzfristig ein wenig Freude beschert. Teilen Sie Ihren Schmerz und Ihre Verzweiflung mit anderen, die sich in ähnlicher Lage befinden. Teilen Sie aber auch Ihre kleinen Erfolge und Fortschritte, teilen Sie Erkenntnisse und Fragen mit anderen. Es gibt kaum ein Leiden, von dem nur ein Mensch alleine betroffen ist – und das Internet und die modernen Kommunikationsmöglichkeiten eröffnen völlig neue Möglichkeiten, sich auszutauschen und zu begegnen.

Und noch eine „worst-case"-Anregung zum Schluss: Wenn Sie den Eindruck haben, völlig am Ende zu sein und Ihre Situation nicht mehr auszuhalten, auch keinen Menschen mehr in Reichweite haben, dem Sie vertrauen können oder wollen – dann nehmen Sie Ihren letzten Mut und Ihre letzte Kraft zusammen und gehen Sie wie die Bremer Stadtmusikanten einfach auf die Wanderschaft. Etwas Besseres als den Tod findet man überall. Zu allen Zeiten sind Menschen auf Wanderschaft gegangen, wenn sie es an einem Ort nicht mehr ausgehalten haben oder wenn sie die Hoffnung hatten, dass es „anderswo" besser sein könnte als da, wo sie bisher gelebt haben. Sie wären also in guter Gesellschaft.

# Versuch 7:
# Denk- und Sprachgewohnheiten

Geistiger Aufwand: mittel
Körperlicher Aufwand: niedrig
Kosten: keine
Zeitdauer bis zur Veränderung: kurz- bis mittelfristig
Durchführung: alleine und mit Gesprächspartnern


Dass unsere Art, über eine Sache zu sprechen, nicht alternativlos ist, zeigt sich recht eindrücklich dann, wenn mehrere Personen über ein gemeinsames Erlebnis berichten. Nicht nur die Blickwinkel oder die Auswahl dessen, was für bedeutsam gehalten wird, sind hierbei verschieden, sondern auch die verwendeten Wörter. Angenommen, Sie wachen eines Morgens mit einem „komischen Gefühl" im Kopf auf und gehen damit zu Heilkundigen auf der ganzen Welt. Ganz sicher würden Sie nicht überall die gleichen Fragen, Diagnosen oder Behandlungsvorschläge erhalten. Doch obwohl wir theoretisch um dieses Phänomen wissen, neigen wir doch dazu, einem Menschen, dem wir vertrauen und dessen Autorität wir anerkennen, in seiner Wahl der Worte zu folgen, gerade im Bereich der Medizin.

Sagt uns also ein Psychiater, wir würden unter XY17 leiden, nachdem er sich unsere Beschwerden angehört hat, kommen wir nur selten auf die Idee, das grundsätzlich anzuzweifeln, es sei denn, er würde uns mit einer Diagnose kommen, die völlig außerhalb dessen steht, was wir von ihm erwarten – also etwa „Ihre Seele wurde von bösen Geistern verschleppt; ich werde jetzt in Trance gehen und sie zurückholen." Und doch entspricht diese Beschreibung psychischer Probleme ungefähr der Vorstellung ziemlich vieler Menschen in anderen Kulturkreisen und sie werden trotz oder wegen dieser Vorstellungen und den daraus abgeleiteten Behandlungen gesund. Auch in Europa war es vor der Aufklärung, also noch vor etwa 300 Jahren, völlig üblich, anstatt von psychischen oder neurologischen Beschwerden von Besessenheiten, bösem Blick, Verwünschungen, planetaren Einflüssen und ähnlichen Begriffen auszugehen und in ihnen die Ursache für menschliches Leiden zu sehen – dazu passend wurden damals natürlich die Behandlungen gewählt.

Heutzutage haben sich die Heilkundigen unserer Kultur darauf verständigt, möglichst alle Beschwerden anhand eines Katalogs (DSM, ICD) zu kategorisieren. Trotzdem ähneln sich interessanterweise die Behandlungsansätze verschiedenste kategorisierter Leiden, also Gesprächs- oder Verhaltenstherapie, Medikamentengabe, Psychoanalyse, Gruppentherapie. Für ein Leiden Nr. 322 gibt es also nur ganz selten eine spezielle 322-Behandlung. Warum das? Ganz einfach: weil das, was die Patienten beschreiben, Wörter benutzt. Und Wörter bilden nur etwas ab, sie sind daher nicht eindeutig und werden auch nicht einheitlich verwendet. Dass versucht wird, psychischen Beschwerden ebenso zu behandeln wie körperliche, scheint mir ein Kernproblem und eine Hauptursache der recht schlechten Erfolgsquoten moderner Psychiatrie zu sein. Wenn drei Patienten den gleichen Satz benutzen, um ihr Leiden zu beschreiben, ist davon auszugehen, dass sie eben nicht das Gleiche erleben. Bekommen also alle drei das für solche Fälle vorgesehene Medikament, wirkt es höchstens bei einem von ihnen nach Plan. Um Psychologen zu provozieren sage ich manchmal, es würde im Grunde genügen, nur noch eine Diagnose zu stellen, nämlich: dem Patienten geht es nicht so gut, wie er es gewohnt ist.

Daraus ließe sich dann ebenso ein Therapieplan entwickeln und etwa herausfinden, was er anders gemacht hat, als es ihm noch gut ging. Oder was andere Menschen in ähnlicher Lage getan haben, bevor es ihnen wieder besser ging. Der fast schon zwanghafte Wahn, menschliche Leiden mit Ziffern und Buchstaben aus einer Liste zu beschreiben sollte vielleicht selbst in die Liste psychischer Auffälligkeiten eingetragen werden.

Als Konsequenz empfehle ich Ihnen also, mit den Begriffen und Worten zu spielen. Sagen Sie versuchsweise vielleicht einmal nicht, dass Sie sich depressiv fühlen, sondern dass Sie heute einen schlechten Tag erwischt haben. Und statt sich von Ängsten geplagt anzusehen bietet es sich an, davon zu sprechen, dass Sie gerade keine rechte Kontrolle über Ihre Fähigkeit haben, auch die gefährlichen und unsicheren Anteile Ihres Lebens korrekt einzuschätzen. Ich kenne auch zahlreiche Menschen, denen es besser geht, wenn Sie versuchen, Ihre Probleme möglichst sachlich darzustellen und auf jegliche dramatisch-emotionalen Aspekte (die sehr wohl vorhanden sind) eher zu ignorieren.

Es ist nun einmal auf Ebene des Gehirns gesehen so, dass wir durch unser Denken über eine Sache und noch mehr durch unser Sprechen darüber das

Hirn wieder „füttern" und ihm sagen, was es für wichtig und was für weniger wichtig halten soll. Benutzen wir also Reizwörter, bei denen das Gehirn auf bestimmte Vorerfahrungen zurückgreift, verschlimmern wir unabsichtlich die Beschwerde – einfach durch die verwendeten Begriffe. Beispiel: Eine Bekannte neigte dazu, ständig das Wort „Wahnsinn" zu verwenden, egal ob sie über eine lange Schlange an der Supermarktkasse oder die tödliche Krankheit ihres Vaters sprach. Ihr Gehirn hatte also ständig den Eindruck, in höchster existenzieller Krise zu sein und entsprechend gehetzt, unruhig und nervös verhielt sie sich auch, selbst wenn um sie herum alles friedlich und ruhig war. Steve de Shazer drückte das Phänomen so aus: Reden über Probleme erschafft Probleme. Reden über Lösungen hingegen schafft Lösungen.

Nun gibt es aber, wie schon oben angeführt, die Tendenz unserer Psychologen und Psychiater, Beschwerden in eine sprachliche Form zu fassen, die ihrem Weltbild entspricht und ihnen erlaubt, eine Behandlung gemäß ihren Gewohnheiten und den Vorgaben der Krankenkassen und der ärztlichen oder therapeutischen Richtlinien durchzuführen. Also wird aus einem Gefühl, „manchmal nicht ich selbst zu sein" schon einmal eine schwere Persönlichkeitsstörung. Dass auch der behandelnde Arzt manchmal den Eindruck hat, nicht mehr er selbst zu sein – es sich also um ein völlig normales Phänomen handelt – wird gerne vergessen. Nicht umsonst wurden in einem Versuch, bei dem sich zuvor als völlig gesund eingestufte Studenten in psychiatrische Behandlung begaben, ein Großteil von ihnen tatsächlich als „behandlungsbedürftig" eingestuft; das erinnert mich an den Psychoanalytiker Paul Watzlawick, der einmal sinngemäß meinte, die Psychoanalyse sei selbst das Problem, dessen Lösung sie vorgebe. Und nicht umsonst lautet der etwas sarkastische Ratschlag eines Insiders, wie man wieder aus einer psychiatrischen Behandlung entlassen wird, nachdem man dort gegen seinen Willen festgehalten wird: Entwickeln Sie irgend eine Schrulligkeit, suchen Sie sich einen jungen Arzt, der dringend seinen ersten Behandlungserfolg braucht, tun Sie alles, was er Ihnen rät und legen Sie dann in angemessener Zeit die Schrulligkeit wieder ab. Er wird Sie als geheilt entlassen und sich anderen Patienten zuwenden.

Noch ein Beispiel in Sachen Sprachverwendung und Begriffswahl: Angenommen, Sie werden gefragt, wie es Ihnen geht (ob von einem Arzt, Therapeuten oder Bekannten). Dann können Sie ohne zu lügen jederzeit sagen, dass Sie zufrieden sind. Denn Zufriedenheit ist etwas, für das man sich selbst entscheiden kann, ebenso wie man sich dafür entscheiden kann, sich zu freuen. Trotzdem können Sie natürlich bei jemand, dem Sie wirklich zutrauen, Ihnen weiter zu helfen, den Satz verlängern, etwa so: „Ich bin zufrieden, hätte aber nichts dagegen, noch ein wenig zufriedener/kraftvoller/zuversichtlicher/klarer im Kopf zu sein." Es geht also nicht darum, die Beschwerde zu ignorieren oder klein zu reden, sondern sie in eine sprachliche Form zu bringen, die dazu taugt, Sie in Richtung Ihres Ziels zu bringen (was auch immer das ist) und nicht in Behandlungen oder Schubladen, in denen es Ihnen noch schlechter geht. Hier kann es sogar einmal angemessen sein, deutliche Worte zu benutzen, wie es der amerikanische Therapeut Richard Bandler berichtet. Bei ihm beklagte sich ein Patient, dass er so depressiv wäre. Nachdem sich Bandler angehört hatte, wie dieser Mensch sein Leben eingerichtet hatte, konnte er nur zustimmen und erklärte, es sei völlig angemessen, bei solch widrigen Lebensumständen depressiv zu sein und nicht fröhlich und unbekümmert.

Wenn Sie mehr über Sprache und die Wirklichkeit, die wir durch sie erschaffen, lesen möchten, empfehle ich Ihnen das Buch von Richard Bandler zum Thema, es heißt „Die Veränderung des subjektiven Erlebens". Und auch „Wie wirklich ist die Wirklichkeit" von Paul Watzlawick ist gut lesbar und erhellend.

# Versuch 8:
# Vitamin- und Mineralstoffzufuhr

Geistiger Aufwand: niedrig
Körperlicher Aufwand: mittel
Kosten: niedrig
Zeitdauer bis zur Veränderung: kurz- bis mittelfristig
Durchführung: alleine und mit Fachberatung (Apotheke)

Vitamine und Mineralstoffe sind natürliche Bestandteile unserer Lebensmittel. Sie können – unabhängig davon, ob im konkreten Fall ein Mangel an einem dieser Stoffe festzustellen ist – bei erhöhter Zufuhr eine Veränderung der körperlichen, aber auch der geistig-mentalen Befindlichkeit bewirken. Ob psychische Beschwerden wie die hier thematisierten Ängste, Depressionen oder Suizidgedanken auch auf einen Vitamin- und/oder Mineralstoffmangel zurückzuführen sind oder durch einen solchen verstärkt werden, kann letztlich nur ein Versuch zeigen.

Um Sie nicht über die detaillierten Hintergründe der Thematik am praktischen Versuch zu hindern, hier eine konkrete Anleitung, was Sie tun können, um herauszufinden, ob eine höhere Vitamin- und Mineralstoffzufuhr einen gewünschten Unterschied bei Ihnen bewirkt:

1. Besorgen Sie sich in der Apotheke oder im Drogeriemarkt

- Ein Zinkpräparat mit 15-25mg Zink (netto) als Tablette zum Schlucken oder als Brausetablette. Nehmen Sie eine davon täglich, und zwar eine Stunde vor oder drei Stunden nach einer Mahlzeit.

- Eine Packung Zinktabletten zum Lutschen (meist 5mg je Tablette). Lutschen Sie davon eine morgens und mittags; wenn Sie den Eindruck haben, dass Sie sich kurz nach dem Lutschen besser fühlen, auch bis zu fünf davon über den Tag verteilt. Falls zusätzlich Vitamin C enthalten ist, eher nicht abends, da manche Menschen mit Wachheit auf das Vitamin C reagieren.

- Eine Packung B-Vitamine, und zwar ein Kombipräparat mit allen acht B-Vitaminen (Vitamin B1, B2, B6, B12, Niacin, Pantothensäure, Folsäure, Biotin). Nehmen Sie davon eine bis zwei am Tag, idealerweise zusammen mit der Zinktablette.

- Eine Packung Magnesiumtabletten (je ca. 250-350mg/Tablette). Nehmen Sie eine davon am Abend.

- Eine Packung mit Jodtabletten (je 100 Microgramm). Nehmen Sie eine davon täglich, es sei denn, Ihr Arzt hat Ihnen ausdrücklich davon abgeraten, Meeresfrüchte, Fisch oder kleine Mengen Jod zu sich zu nehmen.

- Falls Sie wenig Fisch oder Eier essen und viel mit den Augen arbeiten (Bildschirm, Fernseher, Bücher), besorgen Sie sich zudem ein niedrig dosiertes Vitamin-A-Präparat und nehmen dies nach Anleitung auf der Packungsbeilage. Ohne ausreichend Vitamin A wird Zink im Körper nicht gut verwertet.

- Erhöhen Sie Ihre Zufuhr am Mineralstoff Selen; dies geht sehr leicht über den regelmäßigen Verzehr von Kokosflocken, Pistazien oder Sesam (auch verarbeitet; Mineralstoffe gehen beim Kochen, Backen oder sonstigen Verarbeiten im Gegensatz zu vielen Vitaminen nicht verloren).


2. Besorgen Sie sich im Getränke- oder Supermarkt
- Einen Kasten lithiumreiches Heilwasser, z.B. Fachinger, Heppinger, Hirschquelle oder Adelheidquelle. Falls keines davon vorhanden, studieren Sie die Angaben auf den Etiketten und suchen Sie ein Wasser, das mindestens 0,5mg Lithium je Liter enthält. Trinken Sie davon täglich ungefähr einen Liter.

- Falls Sie kein lithiumreiches Heilwasser finden, lassen Sie beim Arzt eine Blutuntersuchung (preiswert) auf Ihren Lithiumspiegel durchführen und bei niedrigen Werten ein Rezept ausstellen, mit dem Ihnen der Apotheker ein Präparat mit 2-5mg Lithium herstellen darf. Nehmen Sie davon regelmäßig, so dass Sie täglich ca. 1mg Lithium zusätzlich zuführen.

3. Führen Sie Buch darüber, wie es Ihnen geht (wie in Kapitel 2 beschrieben, mit Skalenwerten) und notieren Sie dazu, was Sie am jeweiligen Tag an Vitaminen und Mineralstoffen zu sich genommen und was Sie ansonsten gegessen haben. Wenn Sie einen Zusammenhang erkennen, notieren Sie sich das und stellen Sie Ihre Vitamin- und Mineralstoffversorgung langfristig darauf ein, auch mit Beratung Ihres Arztes, Apothekers oder eines Ernährungsberaters.

# Versuch 9:
# Wunscherfüllung und Tabubruch

Geistiger Aufwand: mittel bis hoch
Körperlicher Aufwand: niedrig bis hoch
Kosten: keine bis hohe
Zeitdauer bis zur Veränderung: kurz- bis langfristig
Durchführung: alleine und mit Partner/n

In der Geschichte der Psychologie und auch bei der Erforschung von Gewohnheiten verschiedener Kulturkreise tauchen immer wieder diese beiden Lösungswege auf: Wunscherfüllung und Tabubruch.

Bei der Wunscherfüllung geht es vermutlich darum, einen starken Mangel, der die normale Regulation des Befindens und die Lösung vorhandener Probleme behindert, einfach möglichst gut auszugleichen. Ähnlich wie es im Fall einer kleinen Lücke in einem Damm wenig Sinn macht, die ganze Energie in die Rettung der betroffenen Familien oder Tiere zu stecken sondern ausreichend Anstrengungen auf das Schließen der Lücke zu verwenden kann es auch bei einem isolierten Mangel hilfreich sein, zunächst diesen zu beheben und danach die durch ihn verursachten Schäden anzugehen.

Es gibt historische Beispiele dafür, dass psychisch schwer angeschlagene Menschen etwa allein durch überraschenden Reichtum sämtliche Beschwerden vergaßen und völlig gesund wurden. Im ausführlichen Buch von Henry Ellenberger „Die Entdeckung des Unbewussten" kann man zudem nachlesen, dass in manchen Kulturen Familienmitgliedern mit psychischen Problemen so viele Wünsche wie möglich erfüllt werden und dass dies eine sehr wirkungsvolle Intervention darstellt. Der Verdacht scheint nahe zu liegen, dass mancher Klinikaufenthalt nicht so sehr wegen der dort angebotenen Therapien, sondern wegen der finanziell und sozial abgesicherten „Auszeit" heilsam ist, die auf anderem Weg offenbar nicht zu bekommen war. Auch mancher Suizidgedanken entspringt dem Wunsch nach Ruhe und einer Auszeit – so dass durchaus nach Möglichkeiten gesucht werden kann, sich so eine Auszeit oder einen Ausstieg aus dem gewohnten Umfeld zu ermöglichen, ohne gleich dafür das Leben an sich zu beenden – sondern eben nur „die Art von Leben, die ich gerade lebe". Die Weisheit, die sich im Märchen von den „Bremer Stadtmusikanten" findet, dass man „etwas Besseres als den Tod überall findet", nimmt dieses Motiv auf.

Was die Tabubrüche anbelangt wird auf dem Hintergrund der Wunscherfüllungsthematik vielleicht klarer, warum diese ebenso hilfreich sein können wie eine lange Therapie: wenn ein dringender und lösungsstarker Wunsch wegen eines Tabus nicht umgesetzt werden kann, dann muss zunächst das Tabu selbst ins Visier genommen und überwunden werden. Häufig sind es religiös, moralisch oder durch die Familientradition begründete und damit sehr tief verwurzelte Tabus, die uns daran hindern, Wünschen nachzugehen. Und so ist es nicht einfach, ihnen Argumente zu liefern, die stark genug sind, ihren „Bann" zu brechen. Vielleicht hilft ja der Hinweis selbst und ein kleines Beispiel dabei, nach solchen Argumenten zu suchen: eine ältere Dame sollte auf Anraten ihres Arztes dringend Medikamente nehmen und wollte dies im Grunde auch tun. Aber ihre religiöse Erziehung hatte sie gelehrt, dass nur Gott sie heilen könne und dass so gesehen die Einnahme von starken Medikamenten eine Art Misstrauensbeweis gegenüber Gott darstellen würde. Die Lösung des Dilemmas und damit die Überwindung des Tabus fand sie eines Tages spontan selbst; ihr wurde klar, dass Gott sie durch Vermittlung des Arztes und mit Hilfe der Medikamente heilen wollte – Tabletten also „Geschenke" waren und sie sehr undankbar wäre, diese nicht anzunehmen.

Tabus wie unerfüllte Wünsche beschränken uns also in unserer Handlungsfreiheit. Zum einen, weil sie Hürden aufbauen, die uns ansonsten gangbare Lösungswege versperren und zum anderen, weil starke und unerfüllte Bedürfnisse sehr viel Aufmerksamkeit auf sich ziehen und uns so davon abhalten, ein gutes Leben zu führen. Oscar Wilde scheint an diese Erfahrung anzuknüpfen, wenn er rät, Versuchungen möglichst schnell nachzugeben und sie so unschädlich zu machen.

# Versuch 10: Problemlösung

Geistiger Aufwand: mittel bis hoch
Körperlicher Aufwand: niedrig bis hoch
Kosten: keine bis hohe
Zeitdauer bis zur Veränderung: kurz- bis langfristig
Durchführung: alleine und/oder mit anderen Beteiligten

„Probleme sind Probleme, weil sie nicht gelöst werden." – so hat es Steve de Shazer, der berühmte Familientherapeut ausgedrückt. Und Paul Watzlawick, dessen Bücher weltweit millionenfach gelesen wurden, unterscheidet zwischen „Schwierigkeiten" und „Problemen". Er nennt Schwierigkeiten den Normalfall des Lebens. Es ist normal, so Watzlawick, dass wir auf Schwierigkeiten stoßen und in den allermeisten Fällen lösen wir sie auch. Denken Sie nur einmal daran, wie Sie auf die Welt kamen und was Sie bis heute alles gemeistert, gelöst, gelernt haben! Eine Schwierigkeit wird dann zum Problem, um noch einmal Paul Watzlawick zu folgen, wenn wir sie nicht in akzeptabler Zeit lösen. Auch dies ist eine an sich normale Erfahrung und wir beginnen dann, nach zusätzlicher Problemlö-

sungskompetenz zu suchen und finden Sie häufig
auch – mit zunehmender Lebenserfahrung in der
Regel immer schneller. Schwierigkeiten, die uns als
sehr junge Menschen noch großen Respekt abrin-
gen oder uns schlaflose Nächte bescheren werden
in einem späteren Lebensabschnitt fast schon „mit
links" gelöst und bereiten kaum noch Kopfzerbre-
chen.

Trotzdem gewinne ich immer wieder den Eindruck,
dass ein Großteil der so genannten „psychischen
Problemen" im Grunde auf ungelöste, aber prinzi-
piell lösbare Schwierigkeiten zurückgehen – wenn
also weder der Ratsuchende noch der Ratgeber einen Lösungsansatz finden oder über die passenden
Problemlösungskompetenzen verfügen. Leider fällt
es Menschen, die professionell mit Problemlösun-
gen zu tun haben oft schwer, sich und ihren Kun-
den/Klienten/Patienten dies einzugestehen. Dann
werden irgendwann die so entstandenen, zusätzlichen Beschwerden (auch die Verzweiflung darüber, dass es scheinbar keine Lösung gibt) in den
Mittelpunkt gerückt und zu therapieren versucht
und das ursprüngliche Problem bleibt weiter unge-
löst. In der Folge kehren die Beschwerden immer
wieder zurück, selbst bei sehr guter Therapie oder

Medikation – da ja der auslösende Faktor nicht behoben ist. Zur (normalen) Inkompetenz gesellt sich dann noch die Imkompetenz desjenigen, von dem Kompetenz erwartet wurde und ohne ausreichend kritische Unzufriedenheit oder die Hoffnung an anderer Stelle mehr Kompetenz zu finden, setzt man Behandlungen oder Gespräche fort, von denen klar ist, dass sie im besten Fall Aufmerksamkeit und Linderung, aber keine echte Lösung bringen. Gelingt jedoch der „Ausbruch" und werden neue Wege beschritten – kompensieren wir also unsere eigene und die vorgefundene Inkompetenz bei der gesuchten Problemlösung – dann zeigen wir eine Fähigkeit, für die der Philosoph Odo Marquard das schöne und lange Wort „Inkompetenzkompensationskompetenz" erfunden hat.

Um noch einmal das Bild vom Damm zu bemühen, der an einer Stelle gebrochen ist: es macht nur teilweise Sinn, immer mehr Rettungsboote herbei zu schaffen oder die vom Ertrinken bedrohten mit vielen Hubschraubern zu retten wenn nicht parallel die Lücke im Deich geschlossen und so das hereinströmende Wasser gestoppt wird. In der Praxis sehe ich dazu passende Beispiele etwa dann, wenn jemand sich sehr schlecht ernährt und durch den andauernden Nährstoffmangel immer neue psychisch-mentalen Beschwerden auftreten. Oder wenn jemand regelmäßig Drogen und große Mengen Alkohol zu sich nimmt und dadurch seinen Hirnstoffwechsel schädigt. Ebenso können extrem stressige Arbeitsplätze, übertrieben lange Arbeitszeiten oder auch eine ungute Familien- und Paarsituation permanenten Schaden anrichten, der alleine durch eine psychologische Behandlung oder Beratung nicht behoben werden kann.

Manche Probleme müssen schlicht und einfach auf der praktischen Ebene und dort, wo sie entstehen, behoben werden. Gespräche darüber in einem Beratungszimmer oder einer Praxis ändern vielleicht die Bereitschaft und Fähigkeit zu einer Lösung zu kommen, aber gelöst werden können sie dort nur sehr selten. Insofern kann das Eingeständnis eines vorhandenen und belastenden Problems bereits ein erster Schritt hin zu dessen Lösung darstellen – auch wenn dies peinlich ist und nur durch große Überwindung gelingt. Nicht selten macht es ein passender Gesprächspartner leichter, Probleme offen anzusprechen. Dies kann ein guter Freund ebenso sein wie ein völlig fremder Mensch in der Telefonseelsorge oder einem Internetforum (wie hilferuf.de). Auch Pfarrer, Therapeuten oder der seit Jahren bekannte Hausarzt kommen in Frage.

Falls eine ausbleibende Problemlösung an mangelnder Problemlösungskompetenz liegen sollte (was verständlicherweise oft erst im Nachhinein, also nach der Lösung bewusst wird), empfehle ich Ihnen mein Buch „99 Lösungswerkzeuge - Praxis der Problemlösung". Nicht vorenthalten möchte ich Ihnen hier eines der für mich besonders wertvollen Problemlösungswerkzeuge, nämlich das so genannte „Leitdreieck für die Problemlösung":

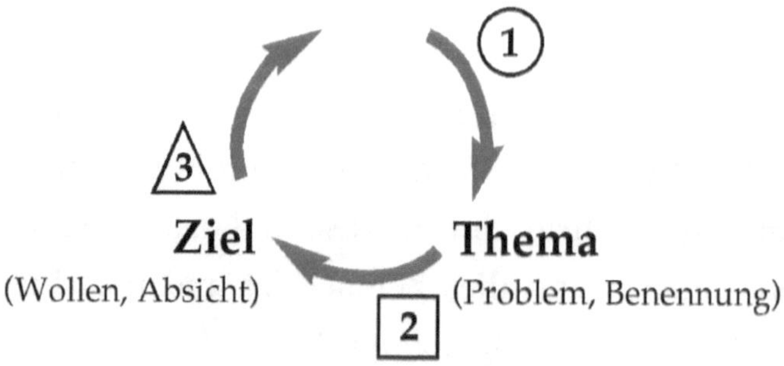

Dieses Schema kann so verwendet werden, dass Sie zunächst identifizieren, in „welcher Ecke" Sie sich mit Ihren Beschwerden oder Ihrem Problem sehen – also beispielsweise oben. Sie beginnen also Ihre Gedankenfolge da, wo Sie aktuell stehen und folgen dann dem Pfeil in die nächste Ecke. Angenommen, Sie haben ein sehr genaues Bild der problematischen Gesamtsituation (also des Ist-Zustandes) – dann ist es wahrscheinlich, dass es Ihnen weiterhilft, zunächst ein aktuelles Thema oder Problem zu formulieren, das Sie gerne konkret lösen möchten, bevor Sie sich dann das Ziel der Problemlösung ausdenken.

Oder wenn Sie Ihr Problem sehr genau kennen, wechseln Sie testweise zu „Ziel formulieren" und fragen Sie sich, woran Sie eine beginnende oder erfolgreich beendete Lösung erkennen werden. Danach lohnt sich eine Bestandsaufnahme der vorhandenen Kompetenzen – sowohl Ihrer eigenen als auch derjenigen von anderen, die ein solches Ziel bereits erreicht haben.

Im dritten Fall, wenn Sie ein klares Ziel vor Augen haben und damit nicht weiter kommen: lassen Sie sich auf die aktuelle Situation ein, und zwar mitsamt dem, was schon jetzt gut ist, was an Kompetenzen und guten Erfahrungen vorhanden und nutzbar ist. Spielen Sie Ihre Beziehungen aus, nutzen Sie Netzwerke und Erfahrungswerte und identifizieren Sie so das konkrete, zur Lösung anstehende Problem.

Mehr davon und viele andere Problemlösungswerkzeuge wie oben beschrieben in „99 Lösungswerkzeuge" bzw. auf der angegebenen Webseite. Und zuletzt: Probleme sollten gelöst werden, um wieder ein „gutes Leben" führen zu können, nicht als Selbstzweck. So geht es also früher oder später darum, von der Beschäftigung mit den eigenen Beschwerden abzulassen und sich dem Rest des Lebens zuzuwenden – selbst wenn das nicht so aufregend oder anregend sein sollte wie eine von Spannung und Entspannung gekennzeichnete Phase.

# Versuch 11: Haltungsänderung

Geistiger Aufwand: mittel
Körperlicher Aufwand: niedrig
Kosten: keine
Zeitdauer bis zur Veränderung: kurz- bis mittelfristig
Durchführung: alleine und mit Unterstützung

Mit Haltung oder Einstellung sind innere Zustände gemeint, die ich selbst bewusst einnehmen und wieder verlassen kann, ähnlich wie ich eine bestimmte körperliche Haltung bewusst wählen kann. Diese Fähigkeit nutzen wir im Alltag regelmäßig, oft, ohne es uns völlig bewusst zu machen, dass wir die Haltung gewechselt haben. Angenommen, wir haben zuerst an einer Hochzeit teilgenommen und fahren dann zu einer Beerdigung (wie für Pfarrer und Priester üblich). Dann wechseln wir mit Sicherheit zwischendurch unsere innere Haltung und dementsprechend verändert sich auch unsere Neigung, bestimmte Stimmungen zu spüren oder Gedanken zu denken.

Andererseits ist es sehr schwer bis unmöglich, in einer Situation, die eine bestimmte Haltung fast sicher herausfordert, diese willentlich abzulehnen und durch eine andere zu ersetzen. Jeder, der ab und zu schmerzhafte Bekanntschaft mit den Werkzeugen eines Zahnarztes macht, kann mich hier verstehen. Und doch gibt es Beispiele, dass es auch anders geht. Ich denke hier an den griechischen Philosophen Sokrates, der nach dem Bericht seines Schülers Platon noch in den letzten Stunden vor seinem Tod sehr konzentriert und gelassen mit seinen Freunden sprach. Dabei war seine Hinrichtung durch den Giftbecher beschlossene Sache und es blieb ihm nur noch wenig Zeit. Trotzdem war dieser Mann stark genug, selbst zu entscheiden, welche innere Haltung er in diesem Moment einnehmen wollte.

Bezogen auf die hier behandelten Beschwerdebilder lässt sich also anregen, trotz einem subjektiv starken Leiden auszuprobieren, ob und wenn ja, wie es gelingt, die innere Haltung zu variieren. Bewährt haben sich nach meiner Beobachtung drei Ansätze:

1. Erinnern Sie sich an eine Zeit, in der es Ihnen so gut ging, wie Sie es gerne wieder hätten. Suchen Sie ein Tier aus, das für Sie die Haltung verkörpert,

die Sie zu dieser Zeit innerlich gespürt haben. Gehen Sie dann bewusst – unabhängig davon, wie es Ihnen aktuell geht – in eine innere Haltung, die der dieses Tieres entspricht. Bleiben Sie eine zeitlang bewusst in dieser Haltung und konfrontieren Sie sich so mit Ihrer aktuellen Lage. In aller Regel verändert sich dadurch die Sichtweise und oft auch die Einschätzung derselben.

Angenommen, Sie fühlen sich durch Ihre Beschwerden mutlos und verzagt. Sie wissen aber, dass Sie zu früheren Zeiten andere Schwierigkeiten gelöst haben und dabei voller Mut und Zuversicht waren. Sie verbinden diese Haltung mit einem starken Elefanten, der kraftvoll durch die Steppe wandert, um Wasser und Nahrung zu finden. Wenn Sie nun Ihre derzeitige Haltung (die womöglich der einer verängstigten Maus im Anblick einer Schlange entspricht) in die des kraftvollen Elefanten verändern, müsste sich auch Ihre innere Haltung verändern.

2. Verändern, ergänzen, reduzieren Sie absichtlich etwas an Ihrem Äußeren. Dies kann Ihre Frisur, Ihre Kleidung, Ihr Parfüm, Ihr Schmuck oder auch etwas in Ihrer Wohnung oder Umgebung sein. Beobachten Sie, welche äußere Veränderung welche

Veränderung Ihrer inneren Haltung nach sich zieht und machen Sie „mehr von dem, was gut ist".

3. Testen Sie, welche Musik, welche Kunstwerke, welche Räume (Kirchen, Tempel, Stadion, Museen, Wald, Meer, See, Schwimmbad, Großstadt …) und welche Menschengruppen Ihre Haltung in welche Richtung beeinflussen. Setzen Sie sich unbekannten Erfahrungen aus, etwa durch ehrenamtliche Tätigkeiten oder Reisen. Machen Sie eine Art Forschungsprojekt daraus und notieren Sie sich die Erfahrungen, die Sie dabei machen. Achten Sie auch hier auf alles, was Ihnen gut tut und Ihre Haltung in eine Richtung ändert, die Sie mögen oder die Sie auf gute Gedanken bringt.

Entscheidend ist, dass Sie Ihre Fähigkeit zur bewussten Haltungsänderung mit der Zeit wie einen Muskel trainieren. So können Sie immer aktiver und bewusster selbst entscheiden, welche Haltung Sie in welcher Situation einnehmen möchten und werden weniger abhängig von den sich automatisch und unbewusst einstellenden inneren Einstellungen. Indem Sie etwa täglich trainieren, sich an Irgendetwas zu freuen, und sei es nur an der Tatsache, dass es Luft zum Einatmen und Ausatmen gibt oder dass Sie dieses Buch lesen können – und selbst wenn es Ihnen am Anfang nur wenige Sekunden gelingt, sich absichtlich zu freuen: es kann einen Unterschied bewirken, der weitere Veränderungen nach sich zieht.

# Versuch 12: Geistige und spirituelle Ressourcen aktivieren

Geistiger Aufwand: mittel

Körperlicher Aufwand: niedrig

Kosten: keine bis niedrige

Zeitdauer bis zur Veränderung: mittel- bis langfristig

Durchführung: alleine und mit Gesprächspartner / n

Je nach kultureller Prägung, Erziehung, Vorbilder und Lebenserfahrung verfügen wir über ein gewisses Repertoire an geistigen und spirituellen Ressourcen, auf die wir zurückgreifen können. Erlebt etwa ein tibetischer Buddhist ein Unglück, wird er darauf anders reagieren als ein ohne religiöse Erziehung aufgewachsener Börsenmakler aus New York. Beide haben in vielen Bereichen sehr unterschiedliche Erklärungsmuster für das menschliche Leben oder die Welt insgesamt. Diese Muster, besonders die tief im Unbewussten verankerten, sind nur sehr schwer zu verändern und doch gerade in Krisenzeiten enorm wirksam.

An einem kleinen Witz möchte ich erläutern, welchen Unterschied das eine oder andere Muster bewirken kann: Zwei mit reichlich Humor gesegnete Schornsteinfeger kommen bei einem Arbeitsunfall ums Leben. Der eine war Christ, der andere Buddhist. Beim ersten schrieben seine Freunde mit einem Augenzwinkern auf den Kranz: Er kehrt nie wieder. Der zweite hatte ebenfalls Freunde, die sich an seinen Humor erinnern. Sie schrieben auf ihren Kranz: Er kehrt bald wieder.

Genauso macht es im konkreten Fall einen enormen Unterschied in der Bewertung und damit der Bedeutung einer Erkrankung oder eines Leidens, ob ich dafür nach einer „höheren / tieferen Ursache" suche oder sie bereits gefunden zu haben glaube. Es ist nicht dasselbe, ob ich denke, mein Leiden sei eine Strafe oder Prüfung eines höheren Wesens, das Ergebnis eines früheren Lebens und der damals begangenen Taten – oder ob meine Überzeugung dahin geht, dass eine genetische Vererbung den Hang zur einen oder anderen Krankheit verursacht. Während das eine vermutlich verschlimmert, relativiert das andere Denken die Beschwerde.

Es ist nun nicht meine Absicht (was vermutlich auch völlig erfolglos wäre), Ihnen als Leser völlig neue

Erkenntnisse und damit Ressourcen vorzustellen, was die geistig-spirituelle Ebene unseres Lebens betrifft. Aber ich möchte Sie ermutigen, in Ihrem eigenen Fundus oder in dem von Menschen, denen Sie vertrauen (das kann auch in Büchern geschehen) nach Sätzen und Ideen zu suchen, die Ihnen helfen, Ihre aktuelle Situation mehr in Richtung Ihres eigenen Ziels zu bewegen. Da ich in einer christlichen Umgebung aufgewachsen bin und früh die biblischen Geschichten kennengelernt habe, fällt mir hier Hiob ein. Er erlebt furchtbares Unglück und zieht für sich den Schluss, sein Leiden durch die Haltung „der Herr hat es gegeben, der Herr hat es genommen" zu mildern. Hätte er sich hingegen noch – wie es seine Freunde ihm raten – im Zorn gegen seinen Gott gewandt, sein subjektives Leiden dürfte sich deutlich verstärkt haben.

Nun sind bekanntlich nicht alle Menschen gleich und die Naturelle unterscheiden sich genauso deutlich wie die Strategien, mit ernsten Beschwerden oder schweren Lebenskrisen umzugehen. Deshalb möchte ich Sie zusätzlich ermutigen, neben den geistig-spirituellen Ressourcen, die Sie in sich tragen, auch die Kräfte anzuzapfen, von denen Sie wissen, dass Sie Ihnen bisher in schwierigen Zeiten oder bei großen Herausforderungen geholfen haben. Nach dem 123-Modell, mit dem ich die unterschiedlichen, angeborenen Naturelle zu unterscheiden gelernt habe, gibt es hier drei Gruppen von Neigungen (die beim Einzelnen unterschiedlich stark ausgeprägt sind):

1. Neigung zu … Fantasie, Ideenreichtum, emotional-dramatischer Reaktion, reichlich Austausch mit anderen Menschen, ständige positive Grundhaltung, starke Tendenz zur Relativierung
2. Neigung zu … Geduld, Leidensfähigkeit, sachliche Betrachtung, gelassene Grundhaltung, Suche nach Unterstützung, passiv-erduldender Haltung, Gefühl des Ausgeliefertseins gegenüber dem Schicksal oder der Krankheit
3. Neigung zu … aktiver Grundhaltung, Kampfansage, kraftvollem Auftreten gegenüber Schwierigkeiten, ziel- und ergebnisorientiertem Handeln, wenig Rücksichtnahme auf Emotionen und Beziehungen, große Härte gegen sich selbst und zeitweise auch gegen andere, starker Wille, starkes Bewusstsein für das Negative im Leben.

Das Interessante an diesem Modell und der praktischen Erfahrung mit seiner Anwendung ist nun, dass Menschen, die vor allem die Neigungen von Gruppe 1 zeigen, von einer stärkeren Nutzung der Möglichkeiten aus Gruppe 2 profitieren. Ebenso bei Übertreibung der „2er-Neigung" die Aktivierung der „3er-Neigungen" und bei ausgereizter Nutzung der „3er-Neigung" das Einlassen auf die vernachlässigten Neigungen der Gruppe 1. Auch in dieser Sache kann von einem Art geistigen Muskel gesprochen werden – der eine ist bereits extrem beansprucht und von einer noch stärkeren Anstrengung ist kein wesentlicher Unterschied im Ergebnis zu erwarten; der andere jedoch ist kaum eingesetzt und seine bewusste Aktivierung bringt oft entscheidend voran. Mehr dazu bei Interesse in meinem Buch „Das Naturell" oder über die Internetseiten www.123modell.de

# Literatur zur Vertiefung


*Bamberger, Günter:* Lösungsorientierte Beratung
*Bandler, Richard:* Die Veränderung des subjektiven Erlebens
*Burgerstein, Lothar:* Burgersteins Handbuch Nährstoffe
*De Shazer, Steve:*
- Der Dreh
- Das Spiel mit den Unterschieden
- Wege der erfolgreichen Kurztherapie
- Worte waren ursprünglich Zauber
*Eberling/Hargens:* Einfach kurz und gut – zur Praxis der
  lösungsorientierten Kurztherapie
*Ellenberger, Henry F.:* Die Entdeckung des Unbewussten
*Friedmann, Dietmar:* Integrierte Kurztherapie
*Furmann, Ben:* Es ist nie zu spät, eine glückliche Kindheit zu haben
*Foerster, Heinz/Glasersfeld, Ernst:* Wie wir uns erfinden
*Foerster, Heinz/Bröcker, Monika:* Teil der Welt
*Holtmeier/Kruse-Jarres* (Hrsg.): Zink. Biochemie, Physiologie,
  Pathophysiologie und Klinik des Zinkstoffwechsels des Menschen
*Pfeiffer, Carl C.:* Nährstofftherapie bei psychischen Störungen
*Popper, Karl Raimund:* Alles Leben ist Problemlösen
*Tomm, Karl:* Die Fragen des Beobachters
*Watzlawick, Paul:*
- Anleitung zum Unglücklichsein
- Vom Schlechten des Guten
*Watzlawick, Weakland, Fish:* Lösungen
*Winkler, Werner:*
- 99 Lösungswerkzeuge - Praxis der Problemlösung (1)
- 99 Lösungsgespräche - Praxis der Problemlösung (2)
- Das Naturell
- Die kleine Gesundheitsinventur
- Heißhunger ist gesund.
- Warum gibt es die Welt?
- Was Sie über Zink und Zinkmangel wissen sollten
*White, Michael:* Die Zähmung der Monster

# Über den Autor:

Werner Winkler, geboren 1964 in Stuttgart, Ausbildungen zum Werbetechniker und Kalligraf; selbständiger Buchhändler von 1985-1989; 1994-1995 ehrenamtliche Tätigkeit im psychosozialen Dienst (Begleitung suizidgefährdeter Menschen im Arbeitskreis Leben, Stuttgart); 1995-97 Ausbildung zum Psychologischen Berater (Paracelsus Schule Stuttgart) sowie in Integrierter Kurztherapie und Psychographie bei Dietmar Friedmann; 'Intensive Training in Solution Brief Therapy' bei Steve de Shazer und Insoo Kim Berg; langjährige Lehrtätigkeit an verschiedenen Studienorten der Paracelsus Schulen sowie in Workshops, Seminaren und Vorträgen. 1995-2010 interner Berater einer mittelständischen Druckerei.

Verschiedene Veröffentlichungen. 1999 Mitbegründer der Initiative zur Förderung der Naturellwissenschaft e.V; seit 1997 tätig als freier Autor und Berater.

Kontakt:
www.wernerwinkler.de
wewinkler@t-online.de

Da im Text häufig von Mineralstoffen und Vitaminen die Rede war, habe ich eine kompakte Sammlung zu diesem Thema (die es auch als separates Büchlein zu kaufen gibt) hier mit angehängt.

Werner Winkler

Gesundheitswissen
kompakt:

# 20 Mineralstoffe und Vitamine

für Vorsorge und
Selbstbehandlung.

# Vorwort

Dieses Büchlein hilft Ihnen dabei, rasch einen Überblick über 20 besonders wichtige Mineralstoffe und Vitamine zu bekommen. Sie erfahren, in welchen Lebensmitteln sie vorkommen, wie man sie verwenden kann und wie viel von jedem dieser Stoffe man ungefähr am Tag benötigt, um gesund zu bleiben.

Selbstverständlich kann man auf so wenigen Seiten nicht alle Details unterbringen. Sprechen Sie deshalb mit Ihrem Arzt, Ernährungsberater oder Apotheker, wenn Fragen offen bleiben. Hinweise auf weiterführende Literatur finden Sie auf Seite 31.

**Hinweis:** Verlag und Autor können keine Haftung für evtl. Folgen übernehmen, die sich aus der Anwendung hier beschriebener Mineralstoffe und Vitamine ergeben. Falls Sie auf Präparate zurückgreifen, achten Sie stets auf die Packungsbeilagen bzw. Informationen auf der Verpackung. Und wenn Sie regelmäßig Medikamente nehmen, sprechen Sie unbedingt mit dem Arzt, bevor Sie größere Mengen Mineralstoffe oder Vitamine zu sich nehmen.

**Impressum:**
6. Auflage 2018 (die 1. Auflage erschien 2000 unter dem Titel "Das kleine 1x1 der Mineralstoffe und Vitamine für die Hausapotheke").

Alle Rechte: Werner Winkler, 2000-2018
Independently published (unter der) ISBN 9781983069642

# Inhaltsverzeichnis

## Wie Sie diese Sammlung
## benutzen können

Zum einen befähigen die hier gesammelten Informationen dazu, sich vielseitiger und gezielter zu ernähren. Und zum anderen helfen sie, Mängeln vorzubeugen oder sie auszugleichen – ob mit Lebensmitteln oder mit einem geeigneten Präparat.

Wer möchte, kann genauer auf Gelüste und Heißhunger (auch bei Familienmitgliedern!) achten und nachschlagen, welchen Stoff der Körper momentan stärker nachfragt (S. 30). Parallel zur Behandlung durch den Arzt, Heilpraktiker oder Therapeut lässt sich bei diversen Beschwerden die Gesundung mit Hilfe von Mineralstoffen und Vitaminen durchaus unterstützen. Diese Selbstbehandlung ist einfach, günstig, risikoarm, natürlich und lösungsorientiert.

*Lösungsorientiert* meint hier, dass man die Behandlung nicht auf eine (Mangel-)Diagnose aufbaut, sondern auf die Erfahrung, was helfen könnte (S. 28). Die Diagnose erfolgt dann *ex juvantibus* – nach der Besserung – wie der Zinkexperte Dr. H. P. Bertram schreibt: "Wenn Zink hilft, war es ein Zinkmangel."

Nicht zuletzt ist diese Sammlung für alle jene zusammengestellt worden, die andere hinsichtlich der Verwendung von Mineralstoffen und Vitaminen oder nährstoffreicher Ernährung beraten.

Wer sich mit Hilfe der hier vorgestellten Mineralstoffe und Vitamine selbst behandeln möchte, sollte bedenken, dass die angeführten Mangelerscheinungen *mögliche* Zusammenhänge darstellen, keine *sicheren*. Aber da es sich um natürliche Stoffe handelt und unsere Körper gewohnt ist, innerhalb der in der Nahrung vorkommenden Mengen mit ihnen umzugehen, sind in aller Regel keine Nebenwirkungen unangenehmer Art zu erwarten.

Trotzdem ist in zweierlei Hinsicht Vorsicht geboten: Zum einen sollte die Selbstbehandlung (egal, welcher Art) nicht davon abhalten, fachlichen Rat und ärztliche Diagnose in Anspruch zu nehmen. Und zum anderen sollte nicht gedankenlos mit Präparaten experimentiert werden, ohne zuvor etwas über die angemessenen Mengen in Erfahrung zu bringen. Dazu gibt es Packungsbeilagen oder den Rat des Apothekers. Auch sollten Einseitigkeiten vermieden werden, z.B. indem dreimal täglich eine hohe Menge Calcium eingenommen wird und so andere Mineralstoffe (wie Zink oder Magnesium) in der Aufnahme behindert werden.

Im Idealfall sollte man sich so vielseitig ernähren, dass Mangelzustände gar nicht erst auftreten. Dies gelingt aber erfahrungsgemäß kaum jemandem.

# Was sind Mineralstoffe und Vitamine?

Mineralstoffe sind natürliche Elemente, die auch bei Verarbeitung erhalten bleiben. Vitamine sind organische Verbindungen und können sich durch Lagerung, Einfrieren oder Kochen abbauen. Sicher ist: unser Körper braucht sie lebensnotwendig in angemessener Menge. Einseitige und übertriebene Einnahme sollte zwar vermieden werden, generelle Ängste sind jedoch unangebracht. Bei Dosierung (mit Mineralstoff- und Vitaminpräparaten) über den angegebenen Tagesmengen* sollten Sie daher stets einen Arzt oder Apotheker um Rat fragen.

Idealerweise ernähren wir uns so vielfältig, dass keine *zusätzliche* Zufuhr von Mineralstoffen oder Vitaminen notwendig ist. Doch es gibt zahlreiche Mangelrisiken wie einseitige Ernährung (z.B. Verzicht auf Vollkornprodukte, Fleisch, Käse, frisches Obst und Gemüse usw.), starker Stress, Krankheiten und Operationen, Schwangerschaft und Stillzeit**, der Missbrauch von Alkohol und Drogen oder einfach die Tatsache, dass man sich in einer Gegend befindet, in der den Böden grundsätzlich bestimmte Mineralstoffe fehlen (etwa Jod, Selen oder Lithium, wie in Mitteleuropa häufig anzutreffen).

---

* die Empfehlungen zur Tagesmenge sind je nach Quelle unterschiedlich; auch Alter, Größe und Lebensweise beeinflussen sie
** die Inhaltsstoffe der Muttermilch hängen sehr stark von der Ernährungsweise und damit dem Versorgungsstatus der Mutter ab

**1. Empfohlene Tagesmenge:**     0,030 - 0,100mg
**2. Therapeutische Dosierung:**     0,100 - 3mg

**3. Untere Tagesmenge erreicht mit ca. (Bsp.):**
30g Rinderleber, 35g Rindernieren, 40g Eigelb, 50g
Sojabohnen,100g Erdnüsse oder Walnüsse, 150g
Haferflocken,160g Erbsen, 300g Avocado.

**4. Im Körper unter anderem verwendet für:**
Blutzuckerverwertung, Zellwachstum.

**5. Mögliche Mangelerscheinungen:**
Schuppige Hautveränderungen an Händen, Armen
und Beinen; Austrocknung und Verfärbung der
Schleimhäute; nervöse Störungen; Panikzustände;
Haarausfall, Glatzenbildung; Neurodermitis; Übel-
keit; Anorexie; Halluzinationen; Depressionen;
Magenschmerzen; Muskelschmerzen; Taubheit
und Prickeln an Armen und Beinen; Angstzustände;
Müdigkeit; Nagelwachstumsstörungen.

**6. Mögliche Mangelursachen:**
Alkohol- und Drogenmissbrauch; Schwangerschaft,
Stillzeit; Fastenkuren; Verzehr von täglich 6-10 ro-
hen Eiern (Eiklar enthält Avidin, das Biotin bindet).

**7. Zusatzinformation:**
Biotin kann von Darmbakterien hergestellt werden;
durch Antibiotika können diese jedoch absterben.

# Calcium

**1. Empfohlene Tagesmenge:**       800 - 1500mg
**2. Therapeutische Dosierung:**    1000 - 1500mg

**3. Untere Tagesmenge erreicht mit ca. (Bsp.):**
70g Parmesan, 100g Edamer-Käse, 320g Mandeln,
370g Grünkohl, 600g Brokkoli, 0,7 l Kuhmilch; 1,5 - 3 l
Mineralwasser (je nach Zusammensetzung).

**4. Im Körper unter anderem verwendet für:**
Bildung von Knorpel, Knochen und Zahnsubstanz.

**5. Mögliche Mangelerscheinungen:**
Entkalkung des Skeletts; Rachitis; Osteoporose;
Knochenbrüche; erhöhte Erregbarkeit des Nerven-
systems und der Muskulatur (hohe Schmerzem-
pfindlichkeit); Karies, Parodontose; Nagelmissbil-
dung; Haarausfall; Reizhaut; Ekzeme.

**6. Mögliche Mangelursachen:**
Zufuhrmangel (wenig Milchprodukte oder grüne
Gemüse); hoher Eiweiß- oder Fettanteil in der
Nahrung; Vitamin-D-Mangel (zu wenig Sonnen-
licht); geringe körperliche Aktivität; hoher Kaffee-
oder Alkoholkonsum; Schwangerschaft, Stillzeit;
Nikotinkonsum; Abführmittelverwendung; Magen-
säuremangel.

**7. Zusatzinformation:**
Präparate sollten mit Vitamin D kombiniert sein;
Abstand zur Magnesium- oder Zinkeinnahme drei
Std.

**1. Empfohlene Tagesmenge:**    10 - 15mg
**2. Therapeutische Dosierung:**    10 - 50mg

**3. Untere Tagesmenge erreicht mit ca. (Bsp.):**
85g Kakao, 100g Rinderniere, 100g Sesam, 110g Hirse, 160g Sonnenblumenkerne, 220g Hafer bzw. Haferflocken, 250g Mandeln.

**4. Im Körper unter anderem verwendet für:**
Sauerstofftransport, Blutbildung, Enzymbestandteil.

**5. Mögliche Mangelerscheinungen:**
Kopfschmerzen; Blutarmut; Schlappheit; Müdigkeit; verminderte Leistungsfähigkeit und Ausdauer; Appetitmangel; brüchiges Haar; Längsrillen in den Nägeln; schlechte Konzentration; Gereiztheit; Störung der Wärmeregulation; Wetterfühligkeit.

**6. Mögliche Mangelursachen:**
Schwangerschaft; Monatsblutung; Unfallblutung; Blutspende; häufiges Bergsteigen in größere Höhen; Leistungssport; einseitige Ernährung; bei Babys: zu frühe Umstellung auf Kuhmilch.

**7. Zusatzinformation:**
Vitamin C verstärkt die Aufnahme (Obst, Orangensaft zum Essen), Bestandteile von Spinat oder Getreide hemmen sie ebenso wie Calcium (Milch, Käse), wenn gleichzeitig gegessen.

## Folsäure (Vitamin B9)

**1. Empfohlene Tagesmenge:**    0,300 - 0,600mg
**2. Therapeutische Dosierung:**    0,400 - 2mg

**3. Untere Tagesmenge erreicht mit ca. (Bsp.):**
60g Weizenkeime, 130g Sojabohnen, 140g Rinderleber, 150g Kichererbsen, 200g Eigelb, 300g Fenchel, 340g Wirsing oder Rote Rüben. Je weniger verarbeitet ein Lebensmittel, desto folsäurereicher!

**4. Im Körper unter anderem verwendet für:**
Blutbildung; während (bzw. kurz vor) einer Schwangerschaft essentiell, sonst drohen Missbildungen.

**5. Mögliche Mangelerscheinungen:**
Veränderungen der Schleimhaut im Mundbereich; Schuppenflechte; Haarausfall; Blutarmut; verminderte Konzentrationsfähigkeit; ungewöhnliche Blutungen; Durchfall; Appetitlosigkeit; Gewichtsverlust; Reizbarkeit; Aggressivität; Gedächtnisschwäche; Angstzustände; Depressionen.

**6. Mögliche Mangelursachen:**
Ernährungsgewohnheiten (verbreitet!); Alkoholismus; Durchfälle; Vitamin-C-Mangel.

**7. Zusatzinformation:**
Mangelerscheinungen von Vitamin B12 und Folsäure überdecken sich – daher Aufnahme gemeinsam verstärken, wenn Mangelverdacht besteht.

---

**1. Empfohlene Tagesmenge:**     0,100 - 0,300mg
**2. Therapeutische Dosierung:** 0,100 - 1mg (Arzt)

**3. Untere Tagesmenge erreicht mit ca. (Bsp.):**
40g Schellfisch, 50g Seelachs, 135g Makrele, Milchprodukte sind jodreich, wenn die Kühe zusätzliches
Jod erhalten, was häufig geschieht!

**4. Im Körper unter anderem verwendet für·**
Wird in Hormone eingebaut; Regulierung vieler Kör-
perfunktionen; aktiviert das Immunsystem; Schlüs-
selsubstanz des Stoffwechsels – häufig positiv bei
Gewichtsproblemen (zu dick, zu dünn) wirksam.

**5. Mögliche Mangelerscheinungen:**
Schilddrüsenvergrößerung (Kropfbildung); Fehlgeburten bzw. geistige Behinderung des Kindes bei
Jodmangel der Mutter während der Schwangerschaft möglich; fehlender Antrieb; Schlafbedürfnis;
Depressionen; Kälteempfindlichkeit; kalte Hände
und Füße; trockene oder schuppige Haut; spröde und
glanzlose Haare; niedriger Blutdruck; Enge- und
Druckgefühl im Hals; Konzentrationsstörungen.

**6. Mögliche Mangelursachen:**
Jodarme Ernährung; jodarme Böden (Europa häufig).

**7. Zusatzinformation:**
Selenmangel verhindert die Wirksamkeit von Jod.

# Lithium

1. **Empfohlene Tagesmenge:**      1 - 2,5mg
2. **Therapeutische Dosierung:**   1 - 5mg (Arzt!)

**3. Untere Tagesmenge erreicht mit ca. (Bsp.):**
1-2l lithiumreiches Heilwasser (z.B. Heppinger, Fachinger, Hirschquelle, Adelheidquelle). Lithium ist zudem in Eiern, Fleisch, Milch und Getreide enthalten, abhängig jedoch von der Bodenbeschaffenheit.

**4. Im Körper unter anderem verwendet für:**
Erhaltung der Haut und des Immunsystems; stimmungsaufhellend, ausgleichend, antisuizidal.

**5. Mögliche Mangelerscheinungen:**
Zwangsgedanken (auch 'Ohrwürmer'); Suizidneigung; Aggressivität; Selbstverletzung (Schlagen, Ritzen, Schneiden); Wachstums- u. Fortpflanzungsstörungen, erhöhte Fehlgeburtsneigung; Warzen.

**6. Mögliche Mangelursachen:**
Lithiumarme Böden und lithiumarmes Trinkwasser (in Europa häufig). Lithiumstatus ist im Blut messbar.

**7. Zusatzinformationen:**
In den USA und Russland wird mehr Lithium aufgenommen als in Westeuropa. Ein Ortswechsel kann zu starken Aufnahmeschwankungen führen.

| | |
|---|---|
| **1. Empfohlene Tagesmenge:** | 300 - 450mg |
| **2. Therapeutische Dosierung:** | 300 - 1500mg |

### 3. Untere Tagesmenge erreicht mit ca. (Bsp.):
60g Kürbiskerne, 75g Sonnenblumenkerne, 75g Kakao, 120g Cashewkerne, 180g Mandeln, Erdnüsse, Haselnüsse, Pistazien, 220g Hafer(flocken), 250g Mais, ab 0,7 l Mineralwasser (je nach Sorte).

### 4. Im Körper unter anderem verwendet für:
Knochen, Zähne, Sehnen, Muskeln und Enzyme.

### 5. Mögliche Mangelerscheinungen:
Krämpfe in Muskeln und Organen; Herzjagen; Gewichtsverlust; Muskelzuckungen (z.B. im Gesicht); Herzrhythmusstörungen; Delirium; Schlaflosigkeit; Konzentrationsmangel; Angstzustände; Verdauungsbeschwerden; Depressionen; Schluckkrämpfe; Nervosität; Bauchschmerzen; Früh- oder Fehlgeburten; Hörsturz; Übelkeit; gestörtes Immunsystem.

### 6. Mögliche Mangelursachen:
Unzureichende Zufuhr über Ernährung; Alkoholismus; hohe Verluste durch Sport, Sauna; Schwangerschaft und Stillzeit; Stress; Wachstumsphasen.

### 7. Zusatzinformation:
Hemmt Aufnahme von Calcium und Zink, daher als Präparat in zeitlichem Abstand (3 Std.) einnehmen.

# Mangan

1. **Empfohlene Tagesmenge:**       2 - 5mg
2. **Therapeutische Dosierung:**       2 - 50mg

**3. Untere Tagesmenge erreicht mit ca. (Bsp.):**
35g Haselnüsse, 40g Haferflocken, 65g Kakao, 100g Walnüsse oder Mandeln, 170g Himbeeren, ca. 100g Heidelbeeren (je nach Bodenart).

**4. Im Körper unter anderem verwendet für:**
Knorpelbildung und -erneuerung (nach Belastung).

**5. Mögliche Mangelerscheinungen:**
Knorpelschmerzen; Bandscheibenschmerzen; Gelenkschmerzen; Sterilität; Knochenfehlbildung; Erbrechen; Hautentzündungen; niedrige Blutfettwerte; Gewichtsverlust; späte Laufphase bei Kindern; Epilepsie; Diabetes; Blutgerinnungsstörungen.

**6. Mögliche Mangelursachen:**
Überhöhte Eisenzufuhr (mindert die Mangan-Aufnahme); einseitige Ernährung (wenig pflanzliche Nahrung, wenig Nüsse); einseitige Calcium-Zufuhr; hoher Alkoholkonsum; Langzeitmedikation mit bestimmten Medikamenten, z.B. Haloperidol; Ernährung mit Lebensmitteln, die von manganarmen Böden stammen (in Europa häufig).

**7. Zusatzinformation:**
Lust auf Nougat(creme) kann ein Mangelhinweis sein.

**Niacin** (Vitamin B3)

---

**1. Empfohlene Tagesmenge:** 15 - 18mg
**2. Therapeutische Dosierung:** 100 - 6000mg

**3. Untere Tagesmenge erreicht mit ca. (Bsp.):**
75g Sardellen, 100g Rinderleber, 110g Erdnüsse,
150g Hühnerfleisch, 150g Sardinen, 175g Tunfisch,
300g Vollkornreis oder Champignons.

**4. Im Körper unter anderem verwendet für:**
Regulation des Cholesterinspiegels; ca. 200 Enzyme; Energieproduktion; Haut; Muskelgewebe.

**5. Mögliche Mangelerscheinungen:**
Hautgeschwüre; Durchfall; Schlaflosigkeit; Müdigkeit; Schwindel; Kopfschmerzen; Depressionen; Verwirrungszustände; Merkstörungen; Veränderungen an sonnenbeschienenen Hautstellen; Zungenentzündung und -schwellung; gesprungene Lippen; gerötete Zunge; Appetitverlust; Erbrechen; Blähungen; Magenerweiterung.

**6. Mögliche Mangelursachen:**
Einseitige Ernährung; Alkoholismus; Schwangerschaft und Stillzeit; Darmoperation; hoher Kaffeeoder Teekonsum; Krebserkrankung; Fieber; Sport.

**7. Zusatzinformation:**
Ein Mangelzustand macht sich bereits nach zwei bis vier Wochen niacinarmer Ernährung bemerkbar.

# Pantothensäure (Vitamin B5)

---

**1. Empfohlene Tagesmenge:**       5 - 8mg
**2. Therapeutische Dosierung:**    50 - 1000mg

**3. Untere Tagesmenge erreicht mit ca. (Bsp.):**
50g Bierhefe, 60g Hering, 75g Leber, 120g Eigelb, 200g Erdnüsse, 250g Champignons, 300g Wassermelone, 400g Brokkoli, Linsen oder Kichererbsen, 450g Avocado oder Cashewkerne.

**4. Im Körper unter anderem verwendet für:**
Stoffwechsel und Entgiftung; regt den Darm an (z.B. nach einer Operation); Infektresistenz; Bildung von Vitamin D und Geschlechtshormonen; Pigmentierung und Wachstum der Haare; Wundheilung.

**5. Mögliche Mangelerscheinungen:**
Abgeschlagenheit; Müdigkeit; Schwäche; Depressionen; Schlafstörungen; Ausbleichen der Haarfarbe; gespaltene Haare; juckende Kopfhaut; Hautprobleme; Magen-, Muskel- und Kopfschmerzen; rheumatische Arthritis; niedriger Blutzucker.

**6. Mögliche Mangelursachen:**
Leberererkrankungen, Diäten, Fastenkuren, Alkoholismus, Operation mit Narkose, Leistungssport, hoher Kaffeekonsum, starker Stress.

**7. Zusatzinformation:**
Auch in großen Mengen offenbar gut verträglich.

**1. Empfohlene Tagesmenge:**    0,020 - 0,100mg
**2. Therapeutische Dosierung:**    0,350 - 3,5mg

**3. Untere Tagesmenge erreicht mit ca. (Bsp.):**
3g Kokosflocken oder Sesam, 4g Pistazien, 15g Hering, Bückling, Tunfisch, Hummer, 20g Paranüsse, 100g Knoblauch, 200g Zwiebel.

**4. Im Körper unter anderem verwendet für:**
Immunabwehr; Schilddrüsenfunktion; Neutralisation von Schwermetallen (Quecksilber, Blei, Amalgam).

**5. Mögliche Mangelerscheinungen:**
Hand- und Kniegelenkschwellungen; versteifte Gelenke; rheumatische Erkrankungen; Aufhellung von Haut und Haaren, Veränderung der Haarstruktur; Augenerkrankungen; Muskelschwäche; Unfruchtbarkeit; Schilddrüsenunterfunktion; evtl. Morbus Crohn; evtl. erhöhtes Krebs(rückfall)risiko.

**6. Mögliche Mangelursachen:**
Ernährung von selenarmen Böden (in Mitteleuropa häufig); Stress; Schwangerschaft, Stillzeit; Alkohol.

**7. Zusatzinformationen:**
Der Selengehalt von Lebensmitteln hängt stark von der Bodenbeschaffenheit im jeweiligen Land ab. Therapeutisch zur Krebs(rückfall)vorbeugung und Unterstützung bei Krebstherapien eingesetzt.

# Vitamin A

1. **Empfohlene Tagesmenge:**    1mg = 3300 i.E.
2. **Therapeutische Dosierung:**    ab 1mg (Arzt!)

**3. Tagesmenge erreicht mit ca. (Bsp.):**
4g Lebertran, 7g Leber, 12g grobe Leberwurst, 100g Möhren, 100g Eigelb, 170g Butter, 200g Spi-nat, 230g Tunfisch, 260g Camembert, 300g Brokkoli

**4. Im Körper unter anderem verwendet für:**
Sehkraft (auch Hell-Dunkel-Adaption); Aufbau von Haut, Haaren, Augen, Schleimhäuten; Produktion von Geschlechtshormonen; Fruchtbarkeit; Infektabwehr; Nerven; Aufbau von roten Blutkörperchen.

**5. Mögliche Mangelerscheinungen:**
Nachtblindheit; Hautveränderungen (auch Schleimhäute); gestörte Zahnbildung; Eisenmangel; Appetitmangel; Schuppenflechte; Pilzinfektionen; Akne; Sommerschnupfen; starke Monatsblutung; Wachstumsverzögerung; trockene, juckende Haut.

**6. Mögliche Mangelursachen:**
Mangel- oder Fehlernährung; Alkoholismus; Stress, Rauchen; Umweltgifte; Aufenthalt in grellem Sonnenlicht; Arbeit am Bildschirm; Lesemarathons.

**7. Zusatzinformationen:**
Zink und Vitamin A sind eng verbunden und die

**1. Empfohlene Tagesmenge:**     1,1 - 1,4mg
**2. Therapeutische Dosierung:**     10 - 200mg

**3. Untere Tagesmenge erreicht mit ca. (Bsp.):**
10g Bierhefe, 55g Weizenkeime, 60g Sonnenblumenkerne, 110g Sojabohnen, 125g Erdnüsse, 160g Pistazien, 190g Haferflocken oder Buchweizen, 220g Zucchini, 300g Vollkornreis.

**4. Im Körper unter anderem verwendet für:**
Energiehaushalt, Nervensystem.

**5. Mögliche Mangelerscheinungen:**
Appetitlosigkeit; Verdauungsstörungen; Durchfall; Magensäuremangel; Müdigkeit; Störung des emotionalen Gleichgewichts; Herz-Kreislauf-Versagen; Muskelschwäche und -lähmung; Gewichtsverlust; Wadenkrämpfe*; geistige Trägheit; Depressionen; Angstzustände; Reizbarkeit; Blutarmut; Tod**.

**6. Mögliche Mangelursachen:**
Ernährungsgewohnheiten (Weißmehl, Zucker, Alkohol, hoher Kaffee- u. Teekonsum); Stress; Schwangerschaft, Stillzeit; Einnahme der "Anti-Baby-Pille"; intensiver Sport; Wachstumsphasen; Alter.

**7. Zusatzinformation:**
*Magnesium und Vitamin B1 unterstützen sich.

# Vitamin B2

1. **Empfohlene Tagesmenge:**       1,5 - 1,7mg
2. **Therapeutische Dosierung:**       10 - 400mg

**3. Untere Tagesmenge erreicht mit ca. (Bsp.):**
30g Bierhefe, 50g Bäckerhefe, 55g Rinderleber, 70g
Rinderniere, 250g Mandeln, 350g Champignons

**4. Im Körper unter anderem verwendet für:**
Energiegewinnung, Sehprozess, Entgiftung.

**5. Mögliche Mangelerscheinungen:**
Risse in den Mundwinkeln; verzögertes Wachstum;
Augenschäden (Rötung, Brennen, Lichtempfind-
lichkeit); Schleimhautentzündungen in Mund und
Nase; Hautprobleme; Blutarmut; Lippenbeschwer-
den (glatt, violett, schmerzend); Lustlosigkeit; Depressionen; Persönlichkeitsveränderungen; Ermü-
dungserscheinungen.

**6. Mögliche Mangelursachen:**
Fieber; starke Muskelbeanspruchung; Schwangerschaft, Stillzeit; chronische Darmerkrankungen; Diabetes; hohes Alter; Alkoholismus; Einnahme der
"Anti-Baby-Pille" oder von Beruhigungsmitteln; Krebserkrankung; starke Verletzungen; Verbrennungen.

**7. Zusatzinformationen:**
Vitamin B2 heißt *Riboflavin* und wird oft als Lebens-
mittelfarbstoff eingesetzt; es färbt den Urin hell-
gelb.

**1. Empfohlene Tagesmenge:** 1,3 - 1,8mg
**2. Therapeutische Dosierung:** 20 - 200mg

**3. Untere Tagesmenge erreicht mit ca. (Bsp.):**
110g Sojabohnen, 130g Sardine oder Lachs, 150g Walnüsse, 175g Hirse, 220g Makrelen, Gorgonzola oder Linsen, 230g Vollkornreis, 260g Kichererbsen, Rinderfilet, Weizenkeime, Avocado, Tunfisch, Haselnüsse, 350g Maronen oder Erdnüsse.

**4. Im Körper unter anderem verwendet für:**
wichtige Hormone (Histamin, Serotonin, Dopamin); Immunabwehr; Regulation des Blutzuckerspiegels.

**5. Mögliche Mangelerscheinungen:**
Hautveränderungen (Nasen-Augenbereich); Entzündungen im Mund / an den Lippen; Depressionen; Ängste; nervöse Störungen; geringe Traumerinnerung; Kopfschmerzen; epilepsieartige Krämpfe.

**6. Mögliche Mangelursachen:**
Alkoholismus; Mangel-/Fehlernährung; Schwangerschaft und Stillzeit; Einnahme der "Anti-Baby-Pille"; Aufenthalt in der Kälte; sehr hohe Eiweißaufnahme.

**7. Zusatzinformationen:**
Die Aktivierung von Vitamin B6 benötigt eine ausreichende Versorgung mit Zink und Vitamin B2. Bei hoher B6-Zufuhr häufig starke Traumtätigkeit.

# Vitamin B12

1. **Empfohlene Tagesmenge:**   0,002 - 0,003mg
2. **Therapeutische Dosierung:**   0,010 - 60mg

**3. Untere Tagesmenge erreicht mit ca. (Bsp.):**
3g Rinderleber, 6g Rinderniere, 25g Makrele, Hering, Miesmuschel, 50g Tunfisch, 100g Rinderfilet, 200g Speisequark.

**4. Im Körper unter anderem verwendet für:**
Zellentwicklung; Bildung und Erhalt der Myelinschicht (Schutzschicht um alle Nervenbahnen).

**5. Mögliche Mangelerscheinungen:**
Anämie; Taubheit und Kribbeln in Händen und Füssen; nervöses Kratzen oder Zappeln; Hyperaktivität; Unfähigkeit, längere Zeit still zu sitzen; Appetitlosigkeit; Gereiztheit; Aggressivität; Multiple Sklerose; Gedächtnisstörungen; Psychosen.

**6. Mögliche Mangelursachen:**
Vegetarische/vegane Ernährung; Magenschleimhautatropie; Fischbandwurminfektion; Schwangerschaft und Stillzeit; Lebererkrankungen; Magen-Darm- oder Bauchspeicheldrüsen-Erkrankungen; hohes Alter; hoher Alkoholkonsum; Rauchen; Einnahme der "Anti-Baby-Pille"; Vitamin B6-Mangel.

**7. Zusatzinformation:**
Unsere Leber speichert max. sieben Jahre Bedarf.

---

**1. Empfohlene Tagesmenge:** 60 - 100mg
**2. Therapeutische Dosierung:** 50 - 18000mg

**3. Untere Tagesmenge erreicht mit ca. (Bsp.):**
25g Hagebutte, 30g Johannisbeeren, 45g Paprika, 50g Brokkoli, 100g Erdbeeren, 150g Orangensaft, 200g Mandarinen, 300g Sauerkraut.

**4. Im Körper unter anderem verwendet für:**
Immunsystem, Cholesterinabbau, Entgiftung der Leber, Ausscheidung von Giftstoffen, Förderung der Eisen- und Zinkaufnahme, (teilweise) Wachheit*.

**5. Mögliche Mangelerscheinungen:**
Knochenschmerzen; psychische Störungen; Allergien; Arteriosklerose; Diabetes; Geschwüre; Sehstörungen; Hämorrhoiden; schlechte Wundheilung; Zahnfleischbluten oder -schwund; Skorbut.

**6. Mögliche Mangelursachen:**
Zufuhrmangel; Medikamenteneinnahme (Aspirin, "Anti-Baby-Pille"); chronische Erkrankungen; Stress (mehrfach erhöhter Verbrauch); Rauchen; hohes Alter; Wachstumsphasen; Schwangerschaft, Stillzeit; Operationen; Schilddrüsenüberfunktion.

**7. Zusatzinformation:**
* Manche Menschen reagieren (abends) auf Vitamin C mit Wachheit; evtl. Ursache für 'Schreikinder'.

# Vitamin D

**1. Empfohlene Tagesmenge:**   0,005 - 0,010mg
**2. Therapeutische Dosierung:**   0,010 - 0,020mg

**3. Untere Tagesmenge erreicht mit ca. (Bsp.):**
3g Lebertran, 5g Eigelb, 25-50g Fisch, 250g Pilze, 250g Rinderleber. Durch UV-Strahlung (Sonne, Solarium) wird Vitamin D auch auf der Haut gebildet.

**4. Im Körper unter anderem verwendet für:**
Knochenaufbau, Immunsystem.

**5. Mögliche Mangelerscheinungen:**
Gehörverlust; Ohrensausen; Rachitis; verlangsamte Zahnentwicklung; schlechte Zahnqualität; gestörte Entwicklung bei Kindern (kriechen und laufen zu spät); Reizbarkeit; Ruhelosigkeit; Knochenschmerzen; Muskelschwäche an Hüften und Becken.

**6. Mögliche Mangelursachen:**
Vegetarische bzw. vegane Ernährung; Schwangerschaft; ausschließliche Ernährung mit Muttermilch über sechs Monate hinaus; zu wenig UV-Bestrahlung; Leberentzündung; Alkoholkonsum; hohes Alter.

**7. Zusatzinformationen:**
Von November bis April (Nordhalbkugel) keine Vitamin-D-Produktion auf der Haut im Freien. In Äquatornähe gibt fast keine Multiple Sklerose-Erkrankungen, was für Vitamin D als Schutzfaktor spricht.

---

**1. Empfohlene Tagesmenge:**     8 - 12mg (= i.E.)
**2. Therapeutische Dosierung:**     100 - 1000mg

**3. Untere Tagesmenge erreicht mit ca. (Bsp.):**
5g Weizenkeimöl, 25g Traubenkernöl, 35g Haselnüsse oder Mandeln, 40g Sonnenblumenkerne,
60g Olivenöl, 90g Erdnüsse, 130g Walnüsse, 150g
Pistazien, 275g rote Paprika.

**4. Im Körper unter anderem verwendet für:**
als Zellschutz (Antioxidans – ideal aus Nahrung!).

**5. Mögliche Mangelerscheinungen:**
Unfruchtbarkeit; Zerfall von Herzmuskelzellen; Muskelschwäche; anfälliges Nervensystem; Blutarmut;
evtl. erhöhte Krebsanfälligkeit; Altersflecken; Infekti-
onen; Arteriosklerose; Rheuma; grauer Star.

**6. Mögliche Mangelursachen:**
Einseitige Ernährung; Umweltverschmutzung; Verwendung von Distel-, Mais- und Sonnenblumenöl in
großen Mengen; Störungen der Fettverdauung und
-resorption (Funktionsstörung der Bauchspeichel-
drüse und der Gallenblase); Vitamin-C-Mangel; Selenmangel; Zinkmangel; Alkoholmissbrauch.

**7. Zusatzinformation:**
Altersflecken können evtl. durch Beträufeln mit Vitamin E (z.B. aus Kapseln) wieder verschwinden.

# Zink

1. **Empfohlene Tagesmenge:**          10 - 25mg
2. **Therapeutische Dosierung:**        5 - 100mg

**3. Untere Tagesmenge erreicht mit ca. (Bsp.):**
10g Austern, 200g Rinderleber, 200g Sonnenblumenkerne, 250g Cashewkerne, 250g Kakao, 300g Rinderfilet, 300g Erdnüsse, 400g Mais.

**4. Im Körper unter anderem verwendet für:**
über 200 Enzyme; Immunabwehr; Hormontransport; Denkfähigkeit; Erinnerungsvermögen (auch Namen); Haare; Haut; Nägel; Fruchtbarkeit; Augenleistung.

**5. Mögliche Mangelerscheinungen:**
Schlafstörungen; Depressionen; Angstzustände; Akne; Suizidgedanken; Hautprobleme; Wundheilungsprobleme; schwaches Immunsystem; Haarausfall; Geruchs-, Geschmacks- und Sehstörungen; weiße Flecken in den Fingernägeln, Augenringe.

**6. Mögliche Mangelursachen:**
Rindfleischarme Ernährung; Schwangerschaft; Alkohol- und Drogenkonsum; Narkosen; Chemotherapie; starker Stress; Trauerfälle; Diäten; Sport; Saunagänge; Bildschirmarbeitsplatz; Unterernährung.

**7. Zusatzinformationen:**
Präparate eine Stunde vor/drei Std. nach dem Essen einnehmen; nicht mit Eisen, Calcium, Magnesium!

# Zwölf weitere Mineralstoffe und Vitamine

**Erläuterung zu den Daten:** 1. Empfohlene Tagesmenge  2. Therapeutische Dosierung  3. Inhaltsreiches Lebensmittel  4. Verwendung im Körper  5. Mögliche Mangelerscheinung 6. Mögliche Mangelursache

**Bor:** 1. 1-10mg; 2. unbekannt; 3. Pfirsich; 4. Zellteilung; 5. evtl. Knochaufbaustörung; 6. borarme Böden
**Chrom:** 1. 0,050-0,200mg; 2. 0,200-0,300mg; 3. Kakao; 4. und 5. Zuckerverwertung; 6. Zufuhrmangel
**Fluorid:** 1. 0,100-4mg; 2. umstritten; 3. Walnuss; 4. Knochen, Zähne; 5. Karies; 6. fluorarme Ernährung
**Kalium:** 1. 2000-5000mg; 2. unbekannt; 3. Trockenobst; 4. Verdauung; 5. Darmlähmung; 6. Durchfälle
**Kupfer:** 1. 1,5-3mg; 2. bis 4mg; 3. Kokos; 4. Bänder, Knorpel, Knochen; 5. Blutarmut 6. Vitamin-C-Mangel
**Molybdän:** 1. 0,075-0,250mg; 2. 0,100-1mg; 3. Linsen; 4. Nerven; 5. Haarausfall; 6. molybdänarme Bd.
**Natrium:** 1. 500-3000mg; 2. –; 3. Oliven; 4. Wasserhaushalt; 5. Muskelkrämpfe; 6. salzarme Ernährung
**Phosphor:** 1. 1200-1700mg; 2. –; 3. Sesam, Käse; 4. Knochen; 5. Knochenerweichung; 6. Vit.-D-Mangel
**Schwefel:** 1. ca. 900mg; 2. –; 3. Fisch, Käse; 4. für div. Aminosäuren; 5. Haarwachstum; 6. Ernährung
**Silizium:** 1. 10-40mg; 2. –; 3. Kartoffeln, Getreide; 4. Universalbaustoff; 5. Haarausfall; 6. Ernährung
**Vanadium:** 1. 0,010-2mg; 2. –; 3. Kartoffel; 4. Blutzuckerspiegel; 5. unbekannt; 6. Ernährung, Böden
**Vitamin K:** 1. 0,065-0,080mg; 2. 0,030-0,100mg; 3. Kohl, Kraut; 4. Knochen; 5. Blutgerinnung; 6. div.

Weiterführende Informationen zu diesen Stoffen in der Fachliteratur (S. 31).

# Was kann gegen was helfen

**Aggressivität:** Folsäure, Lithium, Vitamin B12, Zink
**Allergien:** Calcium, Vitamin C, Zink **Antrieb, fehlender:** Eisen, Jod, Zink **Appetitlosigkeit:** Biotin, Eisen, Vitamin B1+2, Zink **Augenerkrankungen:** Vitamin A, Zink **Bandscheibenschmerzen:** Calcium, Kupfer, Mangan, Silizium, Vitamin D, Vitamin K **Bauchschmerzen:** Magnesium **blinde Flecken beim Sehen:** Vitamin B12 **Blutarmut:** Eisen, Folsäure, Vitamin B1 und B12 **Blutdruck zu hoch:** Calcium, Magnesium, Zink **Blutdruck zu niedrig:** Jod, Kalium, Natrium **Depressionen:** Jod, Magnesium, B-Vitamine, Zink **Entzündungen:** Pantothensäure, Vitamin B6 **Erkältungen:** Vitamin C, Zink **Fehlgeburten:** Jod, Lithium, Magnesium, Zink **Fingernägel-Rillen (längs):** Eisen **Fingernägel-Rillen (quer), weiße Flecken:** Zink **Frühgeburten:** Magnesium **Gedächtnisschwäche:** Folsäure, Vitamin B12, Zink **Gelenkprobleme:** Selen, Mangan, Kupfer **Geruchssinn schwach:** Vitamin A, Zink **Geschmacksverlust:** Zink **Gürtelrose:** Vitamin B12, Zink **Haarausfall:** Biotin, Calcium, Folsäure, Zink **Haare glanzlos, spröde:** Eisen, Jod, Silizium, Zink **Hautprobleme:** Eisen, Jod, Niacin, Vitamin B2, Zink **Herzprobleme:** Magnesium, Kalium, Selen, Vitamin E **Hörprobleme:** Vitamin D, Zink **Hyperaktivität:** Vitamin B6, Vitamin B12, (evtl. Zink) **Infektionsanfälligkeit:** Vitamin A, Vitamin E, Zink **Kälteempfindlichkeit erhöht:** Jod

**Kleinwüchsigkeit bei Kindern:** Zink **Knochenbrüche häufig:** Calcium, Vitamin D **Konzentrationsschwäche:** Eisen, Folsäure, Zink **Kopfschmerzen:** Eisen, Magnesium, Niacin **Krämpfe:** Magnesium, Vitamin B6, Natrium **Lippen gesprungen/schmerzend:** Niacin, Vitamin B2 **Magensäuremangel:** Vitamin B1 **Müdigkeit:** Eisen, Pantothensäure, Vitamin B1, Jod **Nasenbluten häufig:** Folsäure, Vitamin B12 **Neurodermitis:** Biotin, Zink **Ohrensausen, Ohrgeräusche:** Vitamin D, Zink **Osteoporose:** Calcium, Mangan, Vitamin D **Persönlichkeitsveränderungen:** Vitamin B6, Zink **Psychische Störungen:** Lithium, B-Vitamine, Zink **Rückenbeschwerden:** Calcium, Mangan, Vitamin D **Schuppenflechte:** Folsäure, Vitamin A, Zink **Sehstörungen:** Vitamin A, Zink **Suizidgedanken:** Lithium, Zink **Traumerinnerung gering/fehlend:** Vitamin B6 **Übelkeit:** Biotin, Kalium, Magnesium, Natrium **Verdauungsbeschwerden:** Magnesium, Vitamin B1 **Verstopfung:** Kalium, Pantothensäure **Verwirrung:** Niacin, Vitamin B6, Natrium, Kalium **Wadenkrämpfe:** Magnesium, Natrium, Vitamin B1 **Warzen:** Lithium, Zink **Wetterfühligkeit:** Eisen **Wundheilung schlecht:** Vitamin B1 und C, Zink **Zahnfleischbluten und -schwund:** Vitamin C **Zahnschäden, Neigung zu:** Vitamin D, Calcium, Fluorid **Zungenentzündung:** Eisen, Niacin, Zink **Zwangsgedanken (auch Ohrwürmer):** Lithium

# Welche Gelüste können auf Mängel hinweisen?

**Apfel:** Vitamin C **Avocado:** Biotin, Vitamin B6, Pantothensäure **Blumenkohl:** Folsäure, Vitamin C **Brokkoli:** Calcium, Pantothensäure, Vitamin C **Butter:** Vitamin A **Cashewkerne:** Magnesium, Pantothensäure, Zink **Champignons:** Biotin, Niacin, Vitamin D **Eigelb:** Biotin, Folsäure, Vitamin D **Erdbeeren:** Vitamin C **Erdnüsse:** Biotin, Magnesium, Niacin, Pantothensäure, Vitamin B1 und B6, Vitamin E, Zink **Fisch (Seefisch):** Jod, Niacin, Selen, Vitamin D **Fleisch:** Eisen, Zink **Getreide:** Magnesium **Gurken:** Folsäure, Selen **Haferflocken:** Biotin, Eisen, Magnesium, Mangan, Vitamin B1 **Haselnüsse:** Magnesium, Mangan, Vitamin E **Heidelbeeren:** Mangan, Vitamin C **Heilwässer** (je nach Inhalt), z.B. Lithium **Himbeeren:** Mangan, Vitamin C **Innereien:** Vitamin B12 **Käse:** Calcium **Kakao (Schokolade):** Eisen, Mangesium, Zink **Kokosnuss:** Mangan, Selen **Linsen:** Eisen **Mais:** Magnesium, Zink **Mandeln:** Eisen, Vitamin E, Zink **Milchprodukte:** Calcium (evtl. Jod), **Möhren:** Vitamin A **Nüsse:** Vitamin B6, Vitamin E, Zink **Orangen/-saft:** Vitamin C **Paprika:** Vitamin C und E **Pistazien:** Selen, Vitamin B1 und E, **Salat:** Vitamin C **Sonnenblumenkerne:** Magnesium, Zink Eisen **Sesam:** Eisen, Selen **Spinat:** Vitamin A **Tomaten:** Vitamin C **Zitrone:** Vitamin C, Selen **Zucchini:** Vitamin B1, **Zwiebel:** Selen

Burgerstein, Lothar:
Burgersteins Handbuch Nährstoffe, Haug (2000)

Holtmeier/Kruse-Jarres (Herausgeber): Zink,
Wissenschaftliche Verlagsgesellschaft, Stgt. (1991)

Jopp, Andreas:
Risikofaktor Vitaminmangel, Haug (2002)

Scholz, Heinz:
Mineralstoffe und Spurenelemente, Trias (1996)

Souci/Fachmann/Kraut:
Die Zusammensetzung der Lebensmittel, Wissenschaftliche Verlagsgesellschaft, Stuttgart (2000)

Winkler, Werner:
Heißhunger ist gesund (2003, 2018)
Die kleine Gesundheitsinventur, VAK (2007)
Was Sie über Zink und Zinkmangel wissen sollten,
Shaker (2017)

**www.heisshungertest.de**
Ausführlicher, kostenloser und anonymer Online-
Soforttest zur intuitiven Ermittlung von Risiken in
der Versorgung mit 32 Mineralstoffen u. Vitaminen.

**www.zinktest.de**
Kostenloser, anonymer Online-Kurztest zur Ermittlung des individuellen Zinkmangel-Risikos und Anleitung zur Durchführung einer Zinkkur.

**Eigene Notizen:**

# Eigene Notizen: